JN251661

金融パーソンが押さえておくべき

相続・事業承継のツボ

TAO税理士法人［編］

株式会社きんざい

はじめに

　平成27年1月より相続税基礎控除額の引き下げが施行されたことにより、相続への関心が飛躍的に高まりました。これにあわせて、相続ビジネスが各方面において活況を呈しています。一方、中小企業に眼を転じると経営者の高齢化の問題があります。事業を次世代にいかに引き継いでいくかは経営者にとって悩ましい問題であり、適切な解決策を求めている現実があります。

　このような状況下、相続・事業承継の問題は金融機関としても大きな問題であり、一方で解決へのサポートはビジネスチャンスでもあります。本書は、金融機関に勤務する営業担当者が顧客サービスを展開するうえで備えておくべき知識並びに、その知識を応用して適切な提案ができるようになって欲しいとの思いで書かれています。問題点がどこにあるのか、覚えておくべきポイントは何か、どこに着眼すれば解決策が導き出されるかを「ツボ」という形で表現して効率的に勉強できるように工夫されています。

　本書はTAO税理士法人の公認会計士 金谷 亮君を責任者として資産税業務に携わる有志により執筆されました。

　私自身、ファイナンシャル・プランナーを志す方、活躍されている方々と長年一緒に仕事を続けてきました。そのなかで感じることは、断片的な知識は有していても、この知識を実例に即して体系化、整理できる人は少ないということです。これは、ツボ（ポイント）がどこにあるかをよく理解していないことに起因していると思われます。資産家、経営者の思い、悩みは様々であり複雑なものです。だからこそ、金融機関の営業担当者をはじめ、独立系FP、会計事務所などに勤務しながら相続・事業承継ビジネスの前線でお客様のために奮闘する金融パーソンが、「ツボ」を捉え、理解し、問題解決型の提案に広げられる姿は時代の要請といえます。そして、本書がそのお役にたてれば幸甚です。

　また、提案にあたっては、ファイナンシャル・プランナーの職業倫理の一つである「顧客利益の優先」を肝に命じて仕事をしていただきたいと思います。お客様に満足していただく提案をし、その結果としてビジネスになるという姿勢を持ち続けてください。

　最後に、本書の刊行に際して株式会社きんざいの竹中 学氏、赤村 聡氏には大変お世話になりました。深く感謝申し上げます。

平成28年6月

TAO税理士法人

代表社員　土屋　善敬

第I章 つぼのツボ

第III章　提案発想のツボ

第IV章　提案実践のツボ

第 I 章

つぼのツボ

ますます広がる相続・事業承継マーケット

1 大相続時代の到来!

　日本の総人口は 2007 年から 2010 年にかけて 1 億 2,800 万人とピークを迎えた後、2011 年以降は減少に転じています。そして、総務省によると、2060 年には 8,600 万人にまで総人口が減少すると予測されています。このことから中長期的には多くの国内市場は縮小するとの見方が大半でしょう。

　では、相続マーケットに焦点をあてるとどうでしょうか。相続マーケットの大きさは死亡者数と高齢者が保有する資産額で決まります。

　まず、死亡者数は 2013 年に年間 127 万人でしたが、総務省の予測では 2030 年には年間 160 万人を超えるとのことです。また、個人資産の合計額について明確な統計資料はありませんが、総務省が 5 年ごとに実施する全国消費実態調査等に基づけば、個人資産の大半は 65 歳以上の高齢者が保有していると読み取れます。

　これらのデータに基づき民間の予測は、足下で年間 40 兆円から 50 兆円の相続財産が次世代に移転されていると推測し、死亡者数の増加にともない相続財産の移転額は安定的に拡大していくとされています。このため、少子高齢化が進む日本国内の相続マーケットは、確実に拡大する市場なのです。

　さらに、税制改正の影響から資産家を中心に相続への関心が大きく高まっています。これは 2013 年度の税制改正により 2015 年以降の相続から相続税の基礎控除額が 4 割カットされたことと、相続税の最高税率が 50 ％から 55 ％に引き上げられたことの 2 つが主な要因です。

　従来は亡くなった人の25人に1人しか相続税が生じませんでしたが、基礎控除額の引き下げにより約17人に1人に相続税が生じる見込みです。これは全国平均でおよそ1.5倍になり、地価の高い東京に限れば2倍、23区内であれば3倍を超える可能性もあります。これまで相続税を意識する必要のない一般家庭でも、意識せざるを得なくなりました。

　以上より、少子高齢化が進む日本では今後20年間で1,000兆円を超える個人資産が次世代に移転する大相続時代に突入しました。

　したがって、金融パーソンにとって相続を切り口としたビジネス展開はもはや避けては通れません。そのうえで、現状の顧客のみでなく、「いかに次の世代との関係を築けるか」が大相続時代に成功するためのツボです〔図表Ⅰ－1〕。

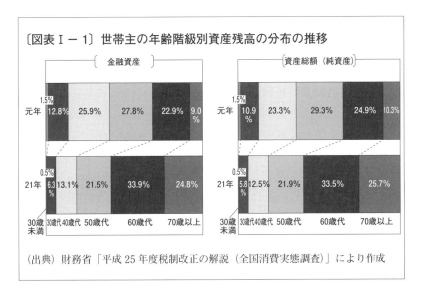

〔図表Ⅰ－1〕世帯主の年齢階級別資産残高の分布の推移

【金融資産】

	30歳未満	30歳代	40歳代	50歳代	60歳代	70歳以上
元年	1.5%	12.8%	25.9%		27.8%	22.9%	9.0%
21年	0.5%	6.3%	13.1%	21.5%	33.9%	24.8%

【資産総額（純資産）】

	30歳未満	30歳代	40歳代	50歳代	60歳代	70歳以上
元年	1.5%	10.9%	23.3%	29.3%	24.9%	10.3%
21年	0.5%	5.8%	12.5%	21.9%	33.5%	25.7%

（出典）財務省「平成25年度税制改正の解説（全国消費実態調査）」により作成

２ オーナー経営者の高齢化と後継者問題

　少子高齢化が進む日本では中小企業の事業承継問題も深刻です。帝国データバンクの調査では経営者の平均年齢は1990年以降、一貫して上昇し、2014年には59歳となりました。

　一方で経営者の交代率は1990年以降、最高で4.96％（1991年）、2010年～2014年に至っては3％台の低水準に留まり、事業承継が円滑に進んでいない現状を示しています。中小企業白書によれば、多くの経営者は何らかの形で事業を後継者に引き継ぎたいと考えているものの、業績の先行き不安や、適当な後継者が見つからない等の理由で円滑な事業承継が行われていない実態があるようです。また、経営者のなかには事業承継の問題をひとりで抱え込み、誰にも相談していないケースも多いと聞きます。

　このような状況から、金融パーソンには、経営者にとって事業承継のよき相談相手となることが期待されます。そして、事業承継問題を解決する過程では後継者との接点も生まれます。この機会を切り口に経営者の信頼を得て後継者との関係も早々に築くことが金融パーソンとして頭ひとつ抜きん出るツボです。

　また、少子化の流れのなかで後継者を子や孫の親族から選ぶ親族内承継が難しいケースが増えています。この問題の解決手段として第三者へのM&Aも近年増えてきました。当たり前のように親族が後継者となる時代は終わったものと認識し、複数の選択肢から最適なアドバイスを行うことが期待されています〔図表Ⅰ－２〕。

３ 関連マーケットへの影響

　では、大相続時代に突入した相続関連マーケットはどのような状況でしょうか。まず、相続対策のための不動産購入需要が拡大しています。都心ではタワーマンションの売れ行きが好調ですし、賃貸

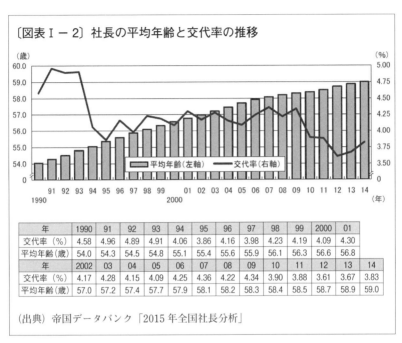

〔図表 I−2〕社長の平均年齢と交代率の推移

年	1990	91	92	93	94	95	96	97	98	99	2000	01
交代率（％）	4.58	4.96	4.89	4.91	4.06	3.86	4.16	3.98	4.23	4.19	4.09	4.30
平均年齢（歳）	54.0	54.3	54.5	54.8	55.1	55.4	55.6	55.9	56.1	56.3	56.6	56.8

年	2002	03	04	05	06	07	08	09	10	11	12	13	14
交代率（％）	4.17	4.28	4.15	4.09	4.25	4.36	4.22	4.34	3.90	3.88	3.61	3.67	3.83
平均年齢（歳）	57.0	57.2	57.4	57.7	57.9	58.1	58.2	58.3	58.4	58.5	58.7	58.9	59.0

（出典）帝国データバンク「2015 年全国社長分析」

物件の建設需要も旺盛です。特にハウスメーカーは相続税の特例を
意識した賃貸併用住宅や二世帯住宅を積極的に売り込んでいます。
金融機関では争族対策（相続を巡る相続人間の争いを一般的に争族
という）のための遺言信託の契約数が伸び、贈与税の非課税制度を
利用した教育資金贈与信託の受注も好調です。また、相続税の節税
が期待できる生命保険の販売も契約数を伸ばしています。さらに、
資産家に対して生前に相続対策を行うコンサルティング会社も軒並
み好業績のようです。

　一方、事業承継関連マーケットの状況ですが、非上場株式や不動
産の移転にともなう貸付金が金融機関の業績に貢献しており、節税
効果の高い生命保険や金融商品の法人向け販売ニーズが高まってい
ます。さらに、後継者問題を解決する M&A の成約件数が伸びてお
り、事業承継関連のコンサルティング需要も旺盛です。

このように大相続時代の影響は、金融業界と不動産業界を中心に大きなインパクトを与えています。そして、需要の源泉は資産家の相続や事業承継の生前対策ニーズにあります。

　したがって、金融パーソンには顧客に対して相続や事業承継を切り口に適切な対策を提案できるスキルが求められます。

金融パーソンの役割
～短期より長期～

1 取りまとめ役の必要性

　大相続時代では金融パーソンにどのような役割が期待されているのでしょうか。事業承継を進める際の相談相手に関する調査結果を見てみましょう〔図表 I - 3〕。

　やはり顧問の税理士や公認会計士に相談するケースが多いようです。確かに事業承継を進める際には株式の価額や移転にともなう税コストが問題になることが多く、当然の結果だと思います。ただし、全ての税理士や公認会計士が事業承継の分野に精通しているわけではありません。医師に外科医や内科医がいるように、税理士等にも専門分野があります。法人税は得意でも相続税は不得意、ということもあるでしょう。

〔図表 I - 3〕事業承継を進める際の相談相手（複数回答）

	税理士・公認会計士	弁護士	経営コンサルタント	取引金融機関	商工会・商工会議所	他社の経営者	親族	その他	相談していない
後継者の選定について	18.8%	1.4%	2.9%	3.3%	0.9%	7.7%	19.3%	11.6%	54.2%
後継者の養成について	11.3%	0.5%	5.2%	2.7%	2.9%	10.2%	9.4%	11.3%	60.6%
自社株式・事業用資産について	38.3%	1.5%	3.4%	6.1%	0.9%	2.1%	6.3%	4.4%	51.5%
相続税・贈与税について	42.1%	1.7%	2.5%	3.6%	0.8%	1.3%	5.6%	1.8%	52.0%
事業承継に必要な資金の調達について	18.8%	0.5%	2.2%	14.1%	1.4%	1.7%	4.4%	3.7%	65.2%
事業売却について	8.4%	0.8%	2.2%	2.2%	0.4%	1.7%	2.9%	2.5%	85.4%
その他	25.5%	7.3%	7.3%	9.1%	10.9%	18.2%	14.5%	16.3%	18.2%

（出典）野村総合研究所「平成 24 年度 中小企業の事業承継に関する調査に係る委託事業 作業報告書」より作成

したがって、金融パーソンはまず、顧問の税理士等が事業承継に関し、経営者のよき相談相手として足り得るかの判断が必要です。

　そして、重要なツボは、ほぼ全ての項目で「相談していない」という回答が最も多いことです。すなわち、経営者は重要な問題である事業承継をひとりで悩み結論を先送りしていることが非常に多いです。ここに金融パーソンの関与が期待されます。

　確かに事業承継や相続はセンシティブな事項ですが、一方で経営者は真によき相談相手を常に探しています。この点、すでに経営者との信頼関係を構築している金融パーソンであれば、これらの問題に関しても切り込み易いでしょう。

　なお、実際に事業承継や相続の対策を進める際の金融パーソンの立ち位置は、各専門家の取りまとめ役が最適です。事業承継や相続の対策を実行する場面では、税理士や弁護士あるいはコンサルタントがバラバラに動いたために、対策の方向性にまとまりがないケースも散見されます。そのような状況に陥らないためにも、金融パーソンが対策の方向性の取りまとめ役として機能し、金融パーソンの下で各専門家が専門分野に特化してサポートする体制が１つの理想形です〔**図表Ⅰ－４**〕。

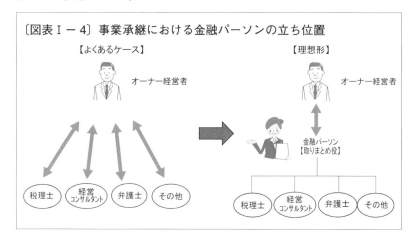

〔図表Ⅰ－４〕事業承継における金融パーソンの立ち位置

【よくあるケース】　　オーナー経営者

税理士　経営コンサルタント　弁護士　その他

【理想形】　　オーナー経営者

金融パーソン【取りまとめ役】

税理士　経営コンサルタント　弁護士　その他

② 目的と手段の明確化

　事業承継や相続の対策には貸付金や不動産、あるいは生命保険等が有効に機能します。しかし、貸付金等はあくまで「手段」であり、事業承継を円滑に行う、あるいは相続を円満に終わらせるなどの「目的」があることを忘れてはなりません。

　残念なことですが、「手段」がもはや「目的」となった事例にしばしば出くわします。事業承継や相続の対策には時間を要するものも多いため、短期的な成果ではなく、長期的な視点で顧客にとって何がよいかを常に考える必要があります。

本書の対象と活用方法

■1 営業担当者の知識を知恵へ

　これまで、相続・事業承継マーケットの重要性と、金融パーソンの関わり方を説明してきました。ここで、本書の対象とねらいを説明します。

　まず、本書は営業担当として日々オーナー経営者や資産家と顔を合せている金融パーソンを主な読者と想定しています。

　したがって、税理士等の専門家向けの内容ではなく、相続や事業承継の専門部署ですでに活躍している金融パーソンには少し物足りない内容かもしれません。

　本書のねらいは営業担当の金融パーソンが、相続や事業承継に関する細切れの知識を体系的に整理し、知恵に変換したうえで、顧客提案のイメージを頭に描けるようになることです。細切れの知識しかないために顧客提案を十分に行えず、ビジネスチャンスを逃すケースを数多く見聞きしてきました。具体的・専門的な顧客提案は専門部署の担当者が行うこともあれば、税理士や弁護士が行うこともあるでしょう。しかし、具体的な提案に至るためには、最前線の営業担当の金融パーソンが、顧客提案の大まかなイメージを頭に描いたうえで、オーナー経営者や資産家と日々接しているか否かが重要です。

　したがって、本書を通じて相続・事業承継に関する実践的な顧客提案のイメージを掴み、ビジネスの現場で実際に活用することが最終目的となります。

2 顧客提案を3ステップで理解

　本書では3つのステップを通じて最終的に顧客提案の実践的なイメージが頭に描けることを目標としました。3つのステップの内容と各章との関係は〔図表 I − 5〕のとおりです。

　すでに基礎知識がある場合は第Ⅲ章（提案発想のツボ）から読み進めても構いませんし、さらに顧客提案の経験者は第Ⅳ章（提案実践のツボ）から読み始めて提案の引出を増やすこともできます。顧客提案という業務自体がクリエイティブな一面を有しており、本書も自由に、クリエイティブに活用してください。

〔図表 I − 5〕本書の使い方

ステップ 1	【第Ⅱ章 資産承継のツボ】 まずは、相続・財産評価・事業承継につき基本的な知識の解説をします。解説では具体的な根拠資料に基づき、実務家ならではの視点で解説しています。細切れの知識を体系的な知識へと整理しましょう。

ステップ 2	【第Ⅲ章 提案発想のツボ】 次に金融パーソンが提供可能なサービスと相続・事業承継の知識を紐付けし、知識を知恵に変換します。どのような場面で、どのようなニーズが生じ、当該ニーズに対応することでどのような効果を生むのか、図表等を用いてわかりやすくポイント解説します。

ステップ 3	【第Ⅳ章 提案実践のツボ】 仕上げは事例形式です。事例を分析し、提案する際の実践的なツボを解説します。10の事例を通じて知恵の活用法が理解でき、顧客提案の具体的なイメージが頭に描けるようになります。後は取りまとめ役として活躍するのみです！

資産家分類とアプローチ法

■1 資産家を３つに分類

　本書を一読すると顧客提案の引出が圧倒的に増えます。そうして増やした顧客提案の引出を有効に活かすには、顧客がどのタイプの資産家であるかを事前に把握することが重要です。なぜなら資産家のタイプによりアプローチ方法が異なるからです。そのため本書では資産家を次の３つに分類します。

・キャッシュリッチ　　　・土地持ち　　　・実業家

　まず、「キャッシュリッチ」とは現預金や上場株式あるいは投資信託等の金融資産を多く保有しているタイプです。例えば医師や弁護士のように所得水準の高い個人や、上場企業の創業者、あるいは自ら経営していた会社の株式を第三者に売却し現金に変えた元社長などが該当します。

　次に「土地持ち」とは主に先祖代々相続して受け継いだ土地を多く保有しているタイプです。かつては農業を営み田や畑として利用していた土地を、周辺地域の開発にともない宅地化し、その宅地にマンションやアパートを建てて不動産賃貸業を営んでいるケースが典型といえるでしょう。

　最後に「実業家」とは自ら経営する会社の事業を成功させたタイプです。保有する資産の大半は自ら経営する会社の株式（非上場株

式)です。金融パーソンが営業担当として日々接する中小企業のオーナー経営者はこのタイプです。

　そして、各資産家の特徴を主に保有する資産に着目してまとめる〔図表Ⅰ－6〕のとおりです。

〔図表Ⅰ－6〕資産家タイプ別で見た相続・事業承継での特徴

資産家のタイプ	主な保有資産	相続・事業承継における特徴
キャッシュリッチ	・現預金 ・上場株式 ・投資信託 ・生命保険	・換金性の高い資産を保有するため納税資金の心配はない ・相続人間で分割しやすい資産内容である ・不動産や非上場株式と比較して相続税評価額が高い
土地持ち	・賃貸用土地 ・貸家	・土地の保有状況や賃貸経営の状況によっては納税資金が不足することも ・相続人間で共有となれば将来ももめるリスクも ・現預金で保有するよりも相続税評価額が低い
実業家	・非上場株式 ・事業用土地	・非上場株式は換金性に乏しく納税資金が不足しがちである ・経営に関与しない相続人が保有すると経営リスクとなる ・対策をすれば相続税評価額が大きく下がる可能性も

2 キャッシュリッチへのアプローチ

　キャッシュリッチな資産家が保有する金融資産は、換金性が高く、分割も容易な資産です。したがって、遺言を残すなどの争族対策を怠らなければ大きな問題はありません。

　ただし、資産家からは相続税の負担を少しでも減らしたいとの要望がしばしばあります。この場合には金融資産の一部をより相続税評価額の下がる不動産に組み替える提案や、非課税制度を利用した生前贈与により相続財産を減らす提案が有効となるでしょう。

3 土地持ちへのアプローチ

　土地持ちの資産家が更地を保有している場合、土地の有効活用を
まず検討しなければなりません。一方、土地の有効活用をすでに行っ
た資産家からは、不動産所得に対する所得税等の負担が重く、相続
時の納税資金の確保に苦慮しているとの悩みをよく耳にします。こ
のようなケースでは所有する不動産を法人に移転する提案が有効と
なり得ます。

　なお、法人に不動産を売却すると、主な保有資産は金融資産に変
わり、キャシュリッチな資産家となります。この場合には、非課税
制度を利用した生前贈与の提案や、相続税の非課税枠を利用する生
命保険契約の提案が有効です。

4 実業家へのアプローチ

　実業家の資産家は非上場株式の株価が高いゆえに納税資金の確保
に苦慮するケースが多いでしょう。よって、適切な株価対策の提案
がポイントです。

　また、安易な株式の移転は後継者の経営権を不安定にします。そ
のため、後継者の安定的な経営権確保に配慮した株式の移転プラン
の提案が必要です。さらに、後継者が納税資金を確保する方法とし
て相続発生後に行う金庫株の提案も有効です。

税法の落とし穴

1 安易な節税策は通じません

　相続や事業承継の相談で多いのは、やはり相続税や贈与税の税負担を少しでも低く抑えたい、という要望です。そこで、節税のためにアイデアを練りますが、行き過ぎた節税策は税務当局に租税回避行為とみなされ、認められません。

　例えば、税負担の減少のみを目的とし、経済的な合理性を全く見出だせないケースが典型でしょう。このようなケースを想定し、国は税負担を不当に回避する者が現れた場合の規定を税法や通達に盛り込んでいます。ほんの一例ですが、次のような規定が代表的です〔図表Ⅰ－7〕。

　税法や通達は規定が複雑なので、一見すると合法的に租税回避行為が行えると思えることもあるかもしれませんが、租税回避行為に抜け穴はないと肝に命じておきましょう。

〔図表Ⅰ－7〕 各種税法における規定

相続税法 第64条	同族会社を利用して相続税や贈与税の負担を不当に減少させることを許さないとする規定
財産評価基本通達 総則第6項	通達に基づく形式的な評価がなじまない場合、国が別途合理的と判断する方法で評価するとの規定
法人税法 第132条の2	組織再編（合併等）を利用して法人税の負担を不当に減少させることを許さないとする規定

2 よき専門家をパートナーに

　前述したように、国は租税回避行為を許さないというスタンスですが、実務では節税行為との境目がグレーなケースも多々あります。このような場合の判断はやはり税の専門家である税理士に委ねるべきでしょう。

　また、税制は毎年改正がなされます。税制改正により新たな節税策が生まれることもあれば、従来の節税策が使えなくなることもあります。

　したがって、常に最新の税務情報を手に入れるためにも税理士の存在は欠かせません。このことは他の専門家も同様です。よき専門家をパートナーにできるか否かが、資産家のよき相談相手になれるか否かのツボでもあります。

コラム 1 いよいよ開始されたマイナンバー制度。これで資産家は丸裸に!?

　平成28年1月1日より、とうとうマイナンバー制度が開始しました。報道ではデメリットばかり強調されることが多いですが、行政効率化等のメリットも期待できる制度です。ただし、通知カードの送付時点からトラブルが各所で発生しているようで、一国民としてはいささか心配な面もあるのですが…。

　さて、このマイナンバー制度ですが、資産家にとってはどのような影響があるのでしょうか。特にマイナンバー制度の導入により、税務署が把握可能となる情報については関心が高いと思います。そこで、マイナンバー制度（以下、「本制度」という）導入の前後を税務署目線で比較してみましょう。

　制度導入前、税務署は主に毎年提出される確定申告書から、資産家の保有する財産を推定していました。しかし、確定申告書に記載される情報は主に所得の金額であり、これは、いくら財産が増えたのか、という「フロー」の情報にすぎません。

　すなわち、いくら財産があるのか、という「ストック」の情報は確定申告書からでは正確に分からないのです（平成27年度の確定申告より一定の資産家は財産債務調書の提出義務が生じました。ただし、納税者の記載した財産に漏れがない、という保証はありません）。このため、相続税という一度きりの課税チャンスを逃さないためにも、正確な「ストック」の情報は税務署として喉から手が出るほどに欲しい情報なのです。

　これが制度導入により、まず、証券会社口座・投資信託口座や死亡保険金などに個人番号が紐付けられました。さらに平成30年からは銀行の預金口座との紐付けが決定しています。これについて、個人番号提出は任意ですが、3年経過後をめどに義務化が検討されています。最終的には個人番号と不動産登記の紐付けも想定し、検討が始まっているとのことです。これら全てが導入されると、まさに資産家の「ストック」は丸裸同然といえるでしょう。税務署側からすれば、悲願であった正確な「ストック」の情報が得られるわけで、申告漏れが確実な案件は、たとえ少額案件であっても積極的に調査に赴きます。

　ただし、マイナンバー制度の有無にかかわらず、納税者はそもそも漏れのない適正な申告を求められていることはご承知のとおりです。

　したがって、制度の導入により直接的に影響を受ける資産家は、悪意をもって資産隠しを行おうとする一部の資産家に限られるのではないでしょうか。また、「フロー」も「ストック」も税務署に押さえられる時代では、贈与や法人活用を駆使した合法的な節税策の重要性がますます高くなると予測されます。そのため、金融パーソンは制度の行方に留意するとともに、本書で紹介するような合法的といえる「ストック」の移転方法を押さえておく必要があるのです。

第II章

資産承継のツボ

相続のツボ

1 民法の理解

　人は亡くなったとき、多かれ少なかれいくらかの財産（現預金や不動産等）を持っています。このような財産を誰がどのように引き継ぐのか、日本では民法のルールに従う必要があります。そこで相続を理解するために、まず、民法のルールを理解しましょう。

❶いざ相続が起こったとき

　相続は人の死亡により開始します。なかには生死が不明であるため、家庭裁判所に失踪宣告の申し立てを行うこともありますが、このようなケースはまれです。いざ相続が開始すると様々な相続手続

> **Point**
>
> # 相続手続きのながれ
>
> ■1 相続人の確認をする
> ▼
> ■2 遺言書の有無を確認する
> ▼
> ■3 相続財産の概要を把握し、相続放棄等の検討をする
> ▼
> ■4 相続財産の評価を行う
> ▼
> ■5 遺産分割協議を行う
> ▼
> ■6 相続税の計算を行い、申告と納付をする

きが必要となります。大まかな流れは前述のとおりです。

　このような手続きを相続人は決められたスケジュールで行う必要があり、特に高齢の相続人にとっては精神的にも肉体的にも大きな負担となっています。

　したがって、金融パーソンは大まかな手続きを理解し、必要があれば相続人への説明を行うスキルが求められます。また、相続税申告のための税理士や相続登記のための司法書士を紹介できる体制を整えておく必要もあるでしょう。

❷誰が承継するのか

　亡くなった人（被相続人）が遺言を残している場合には、遺言に従います。では、遺言がない場合、誰が相続財産を承継できるのでしょうか。その答えは民法が定めた法定相続人です。そして誰が法定相続人になるか、民法は次のようなルールを定めています。

Point

相続順位

- 配偶者　　→　常に法定相続人になる
- 子　　　　→　第1順位
- 父母　　　→　第2順位、子がいない場合になる
- 兄弟姉妹　→　第3順位、子も父母もいない場合になる
- 遠い親戚　→　法定相続人になることができない

　また、法定相続人を確定するには代襲相続人と養子への理解が欠かせません。

　代襲相続人とは、相続開始時に子が亡くなっていた場合の孫や曾孫です。例えば代襲相続人である孫がいた場合、父母や兄弟姉妹は法定相続人にはなれません。なお、兄弟姉妹にも代襲が認められて

いますが、甥や姪の一代限りとされています。これは血縁関係の薄い親族にまで相続財産を与えて保護する必要はないと民法は考えているためです。

　一方、養子とは養子縁組の手続きを経ることで、親子の血縁関係にない者同士が、血縁関係にある親子と同じ関係になることです。したがって、被相続人の養子は実の子と同様に第1順位の相続人となります。

　このように法定相続人を確定する必要がありますが、必ず戸籍謄本を入手して行いましょう〔**図表Ⅱ－1－①**〕。

　相続の現場では相続人も認識していない新たな相続人が発覚することがときとしてあります。

　例えば、腹違いの兄弟がいた、といったケースです。法定相続人の確定は、相続手続きの入口ですが、ここで法定相続人に漏れが生じると、その後の手続きにも大きく影響するため、慎重に行う必要があります。

❸承継すべきか否か

　法定相続人の確認と同時に遺言書の有無を確認する必要がありますが、遺言の説明は後述し、ここでは遺言はなかったとしましょう。

　この場合、法定相続人は速やかに相続財産（プラスの財産のみでなく借入金等のマイナスの財産も含む）の概要を把握する必要があります。

　なぜなら、資産を上回る負債がある場合には、一切を相続しない相続放棄の手続きが認められており、当該手続きは相続開始から3ヶ月以内に家庭裁判所に申請する必要があるためです。

　相続開始から3ヶ月というと葬儀や四十九日の法要などでバタバタしていると、あっという間に過ぎてしまうものです。なお、遺言がない場合、相続人は相続放棄も含めて次の3つのいずれかを選択できます。

〔図表II－1－①〕戸籍全部事項証明書（戸籍謄本）

電算化後の戸籍全部事項証明書(現在の戸籍謄本に相当)の様式　（大きさ A4版）

(1の1)　全部事項証明

本　籍	福岡市中央区天神一丁目8番地1
氏　名	福岡　太平

戸籍事項 　戸籍編製	【改製日】平成18年10月7日 【改製事由】平成6年法務省令第51号附則第2条第1項による改製
戸籍に記録されている者	【名】太平 【生年月日】昭和46年4月16日　　　　　【配偶者区分】夫 【父】福岡太郎 【母】福岡花子 【続柄】長男
身分事項 　出　生	【出生日】昭和46年4月16日 【出生地】福岡市 【届出日】昭和46年4月29日 【届出人】父
婚　姻	【婚姻日】平成17年11月22日 【配偶者氏名】博多洋子 【従前戸籍】福岡市中央区天神一丁目8番地　福岡太郎
戸籍に記録されている者	【名】洋子 【生年月日】昭和50年10月23日　　　　　【配偶者区分】妻 【父】博多清道 【母】博多松子 【続柄】長女
身分事項 　出　生	【出生日】昭和50年10月23日 【出生地】福岡市博多区 【届出日】昭和50年11月3日 【届出人】母
婚　姻	【婚姻日】平成17年11月22日 【配偶者氏名】福岡太平 【従前戸籍】福岡市博多区博多駅前二丁目9番　博多清道

以下余白

発行番号 06-11111

これは，戸籍に記録されている事項の全部を証明した書面である。

平成18年 10月 10日
福岡市中央区長　　○　○　○　○

福岡市区長印

福岡市章の花「フヨウ」

この用紙には，温度により色が変わる「福岡市の花」や

（出典）福岡市ホームページより

　限定承認は負債がどの程度あるかわからない場合に選択することがあります。単純承認では資産より負債が多いと困りますし、相続放棄では負債より資産が多かった場合に悔やまれるからです。ただし、限定承認も相続開始から３ヶ月以内に家庭裁判所に申請する必要があり、かつ、申請は相続人全員で行います。よって、相続人どうしが不仲であると申請が困難なこともあるでしょう。

　そして、多くのケースでは資産が負債を上回ることが明確であるため、相続放棄も限定承認も行いません。すると相続開始から３ヶ月後に、民法上は単純承認したものとみなされます。

　ただし、被相続人の財産を相続人が処分した場合にも単純承認したものとみなされるため、相続放棄を検討しているケースでは留意が必要となります。

❹どのように分けるのか

　法定相続人が確定し、相続放棄等が行われず、単純承認したものとみなされると、いよいよ法定相続人全員で遺産分割協議を行います。相続財産を協議でどのように分けるのかは自由ですが、民法は参考となる割合を定めています。この割合が「法定相続分」です。法定相続分は遺産分割の参考ですが、相続税の計算では法定相続分を用いるため理解が欠かせません。

　誰が相続人になるのかに応じて法定相続分を示すと次のとおりです。

> **Point**
>
> # 法定相続分
>
> ・配偶者のみ　　　　→　全て配偶者
>
> ・配偶者と子　　　　→　配偶者：$\dfrac{1}{2}$　子：$\dfrac{1}{2}$
>
> ・配偶者と父母　　　→　配偶者：$\dfrac{2}{3}$　父母：$\dfrac{1}{3}$
>
> ・配偶者と兄弟姉妹　→　配偶者：$\dfrac{3}{4}$　兄弟姉妹：$\dfrac{1}{4}$

それでは、次のようなケースで法定相続分を考えてみましょう。

CASE

・被相続人には配偶者と子Aと子Bがいた

・子Bは3年前に亡くなっているが、既婚者で長男Cと長女Dがいる

まず法定相続人は配偶者と子Aと孫C・Dの4名です。孫C・Dはいわゆる代襲相続人です。各人の法定相続分は次のとおりです。

・配偶者　　→　$\dfrac{1}{2}$

・子A　　　→　$\underset{\text{子全員の相続分}}{\dfrac{1}{2}} \times \underset{\text{子の頭数}}{\dfrac{1}{2}} = \dfrac{1}{4}$

・孫C・D　→　$\underset{\text{子全員の相続分}}{\dfrac{1}{2}} \times \underset{\text{子の頭数}}{\dfrac{1}{2}} \times \underset{\text{孫の頭数}}{\dfrac{1}{2}} = \dfrac{1}{8}$

このように法定相続分は民法のルールに則り、画一的に算出される参考数値です。ですから、相続人が複数いる場合であっても、全

員納得のうえで長男1人が全財産を相続してもかまいません。

　ただし、実務上は後々のトラブルを避けるためにも遺産分割協議の内容を「遺産分割協議書」という書面にして、相続人全員で署名捺印をします。また、遺産分割協議書は相続登記の申請にも用いるため、実印で行います〔**図表Ⅱ－1－②**〕。

　なお、通常は法定相続人が遺産分割協議を行いますが、例外的に法定相続人以外の者が遺産分割協議に参加することがあります。例えば次のようなケースです。

・配偶者が認知症で意思能力がないため成年後見人をつけている
・夫が死亡し、妻と未成年の子が相続人である

　相続人が認知症等で意思能力がない場合には成年後見の申し立てを行い、成年後見人が相続人に代わり遺産分割協議に参加します。また、妻と未成年者の子が相続人のケースでは、未成年者の親権者である妻と子の利益が相反するため、特別代理人を選任し、子の代わりに特別代理人が遺産分割協議に参加します。

　成年後見人も特別代理人も家庭裁判所での手続きを経て選任されるため、該当のケースでは速やかな申し立てが必要です。

❺遺言で「思い」を伝える

　被相続人は生前に、相続財産を誰に承継するのか、引き継ぐ人の生活などを思って考えを巡らせています。しかし、その「思い」は遺言を残さなければ法的に達成されることはありません。よくある被相続人の「思い」は次のようなものです。

・内縁の妻に財産を残したい
・社会貢献として公益法人に財産を渡したい
・非上場株式は後継者である長男に相続させたい

〔図表II-1-②〕遺産分割協議書のイメージ

遺産分割協議書

被相続人	○○太郎
戸籍	東京都港区虎ノ門1-1-1
生年月日	昭和10年5月5日
死亡年月日	平成27年2月13日

　○○太郎の共同相続人である○○一郎と○○二郎は相続財産について次のとおり遺産分割の協議を行い、下記のとおり分割し取得することに合意した。

1．下記不動産は○○一郎が取得する。
　（1）東京都港区虎ノ門1丁目1番1号　　宅地150平方メートル
　（2）同所所在家屋　木造瓦葺2階建

2．下記銀行預金は○○二郎が取得する。
　（1）東京銀行虎ノ門支店　普通預金（口座番号×××）　2,000万円

3．本協議書に記載のない資産及び後日判明した遺産については相続人○○二郎が取得する。

　上記の協議を証するために本協議書を2通作成し、署名・捺印のうえ、各自1通保管するものとする。

平成27年10月30日

住所	東京都港区虎ノ門1-1-1
生年月日	昭和40年6月9日
相続人	○○一郎(署名)　　（実印）

住所	東京都港区大門2-2-2
生年月日	昭和42年7月28日
相続人	○○二郎(署名)　　（実印）

相続人ではない内縁の妻や公益法人は遺言がなければ被相続人の相続財産を取得することはできません。また、特定の財産を特定の相続人に取得させたい場合も遺言での指定がないと困難です。このような場合は、遺言で被相続人の「思い」を叶えることができます。

　ただし、相続財産を貰えると期待していた他の相続人には不満が生じるかもしれません。そこで、法的な効力はないが、実務上は遺言書に付言事項を加えて被相続人の「思い」を他の相続人に伝える配慮を行っています〔**図表Ⅱ－1－③**〕。

〔図表Ⅱ－1－③〕付言事項を加えた遺言書のイメージ

遺言書

遺言者○○太郎は、次のとおり遺言する。

1. 遺言者は、長男○○一郎に次の非上場株式を相続させる。

〜省略〜

10.（付言事項）

　　長男である一郎が××株式会社を引き継ぎ、私をこれまで支えてきてくれたことは二男の二郎も理解しているとおりである。そして、××株式会社の株式について、経営の安定を考えれば後継者である一郎が相続すべきことも、二郎が理解しているとおりである。

　　このことを考慮し、××株式会社の株式は一郎に継がせ、その他の一切の財産を二郎に引き継がせるため、本遺言をした。二郎の取得する財産は遺留分にも満たないかもしれないが、本遺言の趣旨をよくよく理解し、遺留分を主張することなく、これからも仲の良い兄弟でいることを切に希望する。

平成25年10月2日

東京都中央区日本橋1－1－1　遺言者　　○○太郎　　（印）

　なお、遺言は被相続人が一方的に残すものです。財産を貰う立場にある相続人の「思い」とかけ離れているケースもあります。この場合、遺言の内容にかかわらず相続人全員で遺産分割協議を行えば、当該協議の内容が優先されます。

　とはいえ、遺産分割をめぐる争族を防止することが遺言のメリットです。このような事態が生じないように、生前に被相続人と相続人の「思い」が合致するような遺言の作成をアドバイスすべきです。

❻遺留分とは

　遺言を残せば被相続人は自由に相続財産の承継先を決めることができます。だからといって、特定の者に全財産を与えるといった内容の遺言は有効なのでしょうか。実は、このような内容の遺言も法的には有効です。しかし、被相続人の法定相続人は当然に相続財産を取得できるものと期待していますし、仮に取得できないと生活が不安定となるケースもあるでしょう。

　そこで、民法は一定の法定相続人に最低限の相続財産を取得する権利を認めています。この権利を「遺留分」といいます。そして遺留分は次の法定相続人に限って一定の割合で認められています。

Point

遺留分の割合

・配偶者や子・孫　　→　法定相続分の $\frac{1}{2}$

・父母のみが相続人　→　法定相続分の $\frac{1}{3}$

・兄弟姉妹　　　　　→　認められていない

　ここでのポイントは兄弟姉妹には遺留分がないことです。例えば法定相続人が配偶者と兄弟姉妹のケースでは、配偶者の生活を思っ

て「全財産を配偶者へ」とする遺言を残したとしても遺留分の問題が生じることはありません。

　次に遺留分を計算する際の財産の考え方ですが、相続開始時の相続財産（負債を含む）に次の金額を加える点が特徴です。

Point　遺留分の計算に加える生前贈与の額

a. 被相続人が相続開始前1年以内に行った生前贈与の額
b. 被相続人から相続人への生前贈与が特別受益（遺産の前渡し等）に該当する場合には、当該生前贈与の額

　aの趣旨は相続直前の贈与により遺留分を意図的に減らすことを防ぐためです。このような趣旨から、遺留分を持つ法定相続人に損害を与える目的の生前贈与は、たとえ相続開始前1年を超えたものであっても、遺留分の計算に含めます。また、相続人が住宅取得資金などの生前贈与を受けていると、特別受益に該当するため、遺留分の計算に含めます。なお、対象となる特別受益には1年以内といった期間の制限がない点に留意しましょう。

　では、次のようなケースで各人の遺留分を計算してみます。

CASE

・被相続人の相続開始時の相続財産は8,000万円
・法定相続人は配偶者と子A・子Bの3人
・子Aは生前に被相続人より住宅取得資金として2,000万円の贈与を受けている

　それぞれの遺留分の割合は次のとおりです。

法定相続分　遺留分の割合

・配偶者　→　$\dfrac{1}{2}$　×　$\dfrac{1}{2}$　=　$\dfrac{1}{4}$

法定相続分　遺留分の割合

・子A・B　→　$\dfrac{1}{4}$　×　$\dfrac{1}{2}$　=　$\dfrac{1}{8}$

遺留分を計算する際の財産は次のようになります。

・相続財産 8,000 万円 + 特別受益 2,000 万円 = 1 億円

ポイントは被相続人が子 A に行った住宅取得資金の贈与を、特別受益として遺留分を計算する際の財産に加えることです。そのうえで各人の遺留分の金額を計算すると次のようになります。

遺留分の割合

・配偶者　→　1 億円　×　$\dfrac{1}{4}$　= 2,500 万円

遺留分の割合

・子A・B　→　1 億円　×　$\dfrac{1}{8}$　= 1,250 万円

　ところで、実際に遺留分を侵害する遺言を被相続人が残した場合にはどうなるのでしょうか。

　この場合、遺留分を侵害された相続人には遺留分減殺請求権が認められます。これは遺留分侵害に相当する金額の財産の引渡しを請求できる権利です。あくまでも権利であり、行使するか否かは自由です。ただし、行使期間は相続開始を知った日から 1 年内のため留意が必要です。いずれにしても、遺言のアドバイスを行う際は、後々の争いを未然に防ぐため各人の遺留分に配慮した内容としましょう。

なお、遺留分は家庭裁判所の許可を条件に、被相続人の生前に放棄することも可能です（相続放棄は生前に行うことはできない）。この場合、実務上は遺留分の放棄を行う相続人へ一定の贈与を行い、そのうえで遺留分の放棄を実施することが多いと思われます。

② 税法の理解

　相続税の計算は民法のルールどおりではありません。民法のルールを尊重していますが、税の公平性の観点等から、独自の修正を加えて計算を行います。したがって民法のルールと税法のルールの違いを理解することがポイントです。

❶相続が起こったときの税金

　相続がいざ起こった場合に申告が必要となる税金は相続税だけとは限りません。被相続人が個人事業を行っていた場合等には所得税や消費税の申告も必要となり、これを「準確定申告」といいます。相続税の申告や準確定申告には法定の期限があるため、まずはスケジュールの理解が大切です。

Point

申告の期限

・準確定申告　　→　相続開始後 4 ヶ月以内
・相続税の申告　→　相続開始後 10 ヶ月以内

　準確定申告や相続税の申告は、被相続人が生前に行っていた事業や、被相続人の所有する財産について、当事者ではない相続人が申告を行います。このため、相続人が事業内容や財産内容を把握していればよいのですが、そのようなケースは少なく、資料収集等に時

間がかかり、気付けば申告期限が間近に迫ることは珍しくありません。申告期限に遅れると無申告加算税や延滞税といったペナルティーが課せられるため注意が必要です。

　なお、相続税の申告に先立つ遺産分割協議が難航し、各相続人の取得額が申告期限までに決まらないこともあります。このように申告期限において相続財産が未分割であっても、法定相続分で取得したものとして相続税の申告と納税は行わなければなりません（この場合に配偶者の税額軽減や小規模宅地の特例などが使えない点には留意が必要。ただし、「申告期限後3年以内の分割見込書」を提出しておけば、後日特例が使える可能性が残る）。

　そのうえで遺産分割協議成立後4ヶ月以内に改めて申告をやり直すことで、ペナルティーは課されません。未分割の場合はうっかりと申告を漏らしがちです。事前のアドバイスを心がけましょう。

❷相続税のかかる財産

　相続税は被相続人が相続時に有していた全ての財産を対象に計算されるわけではありません。なかには相続税が非課税とされる財産もあります。加えて民法上は相続財産ではないが、相続税の計算上は相続財産とみなされる財産もあります。詳細は後ほど説明するとして、相続税のかかる金額（課税価格）は次のように計算します。

計×算＝式　相続財産の課税価格

> 相続財産－非課税財産－債務と葬式費用

　そして、相続財産には次のような財産を含めます。

相続財産に含める財産

・本来の相続財産
・みなし相続財産
・相続開始前 3 年以内の贈与
・相続時精算課税の適用を受けた財産

　「本来の相続財産」とは現預金や有価証券、不動産等の金銭で見積り可能な全ての財産で一般的な相続財産のイメージそのものです。「みなし相続財産」「相続開始前 3 年以内の贈与」「相続時精算課税の適用を受けた財産」が税務独特のものです。

　「みなし相続財産」とは被相続人の死亡にともない支払われる生命保険金や死亡退職金です。これらは直接相続人に帰属するため、被相続人の財産ではありませんが、実質的に被相続人の相続財産と変わらないため、相続税の課税対象となります。「相続開始前 3 年以内の贈与」と「相続時精算課税の適用を受けた財産」の詳細は43、185 ページにまとめています。

　次に非課税財産として主に次のような財産があります。

非課税財産

・墓地、墓石、仏壇、仏具等
・相続人が取得した生命保険金のうち非課税限度額
　（500 万円×法定相続人の人数）までの金額
・相続人が取得した死亡退職金のうち非課税限度額
　（500 万円×法定相続人の人数）までの金額

これらは日常礼拝尊崇されることへの配慮等を理由に非課税とされていますが、合法的な節税策として使える点がポイントです。

例えば、墓地や墓石は被相続人が生前に自ら購入しておけば、購入金額だけ相続税の課税対象となる財産は減少します。また、法定相続人が3人のケースでは1,500万円（500万円×3人）の生命保険までは相続税が課税されないため、相続税対策としては非課税限度額まで生命保険を使えているかの検討が欠かせません。

最後に債務と葬式費用です。債務は相続開始時に金額が確定しているものが対象です。したがって、相続税申告にかかる税理士や弁護士等の報酬や遺言執行費用を含めることはできません。ただし、相続人が負担した葬式費用は相続財産から差し引くことができます。これは相続に際して当然にかかる費用であることから、国も国民感情に一定の配慮をしたということでしょう。

❸相続税の計算方法

相続税の計算は各相続人が取得した相続財産額に対して単純に税率を乗じて算出されるわけではありません。少し複雑な計算をして算出します。そこには、できる限り相続税の課税を公平に行いたいとする国の意図が隠されています。次のケースを前提に相続税の計算を見ていきましょう。

CASE

相続人は妻と子2人で、「相続財産」の取得及び「債務・葬式費用」の負担は次のとおりとします。

	妻	子	子	合計
① 相続財産	8,000万円	2,000万円	2,000万円	12,000万円
② 債務・葬式費用	2,000万円	―	―	2,000万円
③ 課税価格（①―②）	6,000万円	2,000万円	2,000万円	10,000万円

まず、相続財産の課税価格の合計額を計算することからスタートします。今回のケースでは相続財産から債務・葬式費用を差し引いた課税価格の合計額は1億円です。ここから基礎控除額を差し引いて課税遺産総額を計算します。

　基礎控除額の計算式は次のとおりです。

計×算=式　相続税の基礎控除額

> 3,000万円＋600万円×法定相続人の人数

　今回のケースでは法定相続人が3人のため4,800万円（3,000万円＋600万円×3人）が基礎控除額となります。基礎控除額のポイントは実際に相続した人数ではなく法定相続人の人数で計算することです。

　また、基礎控除額の計算をする際、法定相続人の人数に養子を無制限に含めることはできません（実子がいれば1人、実子がいない場合は2人まで）。いずれも相続人の人数を増やしたり、養子縁組を行うことで法定相続人の人数を増やす、といった安易な節税を防ぐためです。

　なお、法定相続人が相続放棄をした場合は、相続放棄がなかったものとして、法定相続人の人数に含めます。ここまでで課税遺産総額が計算できます。

課税価格の合計額　　　基礎控除額　　　課税遺産総額
　1億円　　　－　　4,800万円＝5,200万円

　このように計算した課税遺産総額5,200万円を民法上の法定相続分で按分し、按分した金額に税率を掛けて税額を計算します。なお、税額は速算表を用いて計算すると便利です〔図表Ⅱ－1－④〕。

〔図表II－1－④〕相続税の速算表

区分	1,000万円以下	3,000万円以下	5,000万円以下	1億円以下	2億円以下	3億円以下	6億円以下	6億円超
税率	10%	15%	20%	30%	40%	45%	50%	55%
控除額	－	50万円	200万円	700万円	1,700万円	2,700万円	4,200万円	7,200万円

　相続税の総額を計算するイメージは〔**図表II－1－⑤**〕のとおりです。

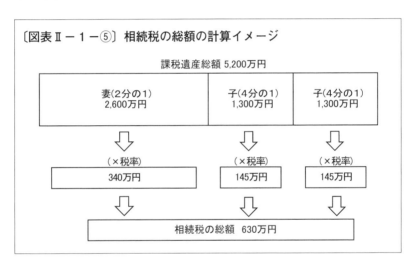

〔図表II－1－⑤〕相続税の総額の計算イメージ

課税遺産総額 5,200万円

| 妻(2分の1)
2,600万円 | 子(4分の1)
1,300万円 | 子(4分の1)
1,300万円 |

（×税率）　　（×税率）　　（×税率）

| 340万円 | 145万円 | 145万円 |

相続税の総額　630万円

　さらに相続税の総額630万円を各人の課税価格の割合で按分します〔**図表II－1－⑥**〕。

〔図表II－1－⑥〕相続税の総額の按分

妻　378万円	子　126万円	子　126万円
630万円×6,000万円/1億円	630万円×2,000万円/1億円	

最後に配偶者の税額378万円については「配偶者の税額軽減」
という特例を適用すると、実際の納税額はゼロとなります。
　この特例は被相続人の配偶者の課税価格が1億6,000万円まで
か、配偶者の法定相続分相当額までであれば、配偶者に相続税を
かけないとするものです。ただし、申告期限内に遺産分割協議を終え
たうえで相続税の申告書を提出する必要があります。
　以上より各人の相続税の納付税額は次のようになります。

　・妻　→　ゼロ
　・子　→　1人あたり126万円

---

❹3つの納税方法
　相続税は申告すれば終わりではありません。正しい申告とあわせ
て納税が必要です。そして、相続税の納税には金銭納付・延納・物
納の3つが認められています。ちなみに物納が認められている国税
は相続税のみです。

Point

相続税の納税方法と優先順位

優先順位
1 金銭納付　→　現金で一時に相続税を納付すること
2 延納　　　→　相続税を分割で納付すること
3 物納　　　→　相続税を相続財産で納付すること

　これら3つの納税方法は各相続人が自由に選択できるわけではなく、優先順位があります。まずは金銭納付が原則です。金銭納付の困難な事由があって初めて延納が選択できます。さらに延納によっても納付の困難な事由があり、ようやく物納が選択できます。したがって、安易に物納での納税を考えることは危険です。

　さらに延納も物納も厳しい要件を満たす必要があります。延納では延納する相続税額に利子税を加えた金額の担保を提供する必要があります。

　また、物納では物納申請する財産が物納に適した財産でなければなりません。よって、遺産分割協議が難航し未分割となっている不動産や、境界が明らかでない土地等は、後日、権利の帰属について争いが生じる恐れがあるため物納の対象とはなりません。

　このことから、金融パーソンは生前に相続税額の試算を行ったうえで、相続税の金銭納付に備えて資金を事前に準備するアドバイスを優先して行うことが望ましいでしょう。

❺賢い贈与の活用法

　贈与税法という税法は実はありません。贈与税は相続税法に含まれるからです。その理由は、そもそも贈与税は生前に贈与を行い相続税の課税を回避することを防ぐ目的でつくられたためです。すなわち贈与税は相続税を補完しているという関係です。

　このような贈与税ですが、原則的な制度に加えて、政策的な観点から様々な特例制度が存在し、要件も複雑です。

Point 贈与制度の原則と特例

・暦年贈与（原則）
・相続時精算課税（原則に代えて選択可能）
・住宅取得資金の贈与（特例）
・夫婦間で居住用の不動産を贈与したときの配偶者控除（特例）
・教育資金の一括贈与（特例）
・結婚・子育て資金の一括贈与（特例）

そこで、ここでは暦年贈与を例に挙げながら理解を深めましょう。まず贈与とは次のような契約のことです。

Point 贈与契約

ある人（贈与者）が他の人（受贈者）に自らの財産を無償であげると意思表示して、お互いに納得する契約

　贈与は無償の取引であることはもちろんですが、ポイントは贈与者が一方的に行うことはできず、必ず受贈者の「貰います」という意思表示が必要です。

　この点でよく問題となるのが名義預金です。子や孫の名義で預金口座を開設すれば、贈与が成立していると思っている人は非常に多いですが、子や孫は自分名義の預金口座の存在を知らない場合、「貰います」という意思表示がないため贈与契約は成立していません。

　また、贈与者が高齢で認知症である場合にも、もはや「あげます」

という意思表示ができないため贈与契約は成立しません。このように、そもそも贈与契約が成立していない状態でのトラブルを避けるためにも、贈与者と受贈者の間で贈与契約書を必ず作成するようにアドバイスしましょう。

　また、案件によっては贈与契約書に公証人の確定日付を付しておくことが望ましいこともあります〔図表II－1－⑦〕。

〔図表II－1－⑦〕贈与契約書のイメージ

贈与契約書

甲と乙は次のとおり贈与契約を締結した。

第1条　　甲は現金2,000万円を乙に贈与することとし、乙はこれを承諾した。

第2条　　甲は第1条に記載する現金を平成〇年〇月〇日までに乙の口座に振り込むこととする。

以上の契約を証するために本書を作成し、署名・捺印のうえ、各自1通を保管する。

平成〇年　〇月〇日

甲　住所　×××
　　氏名　×××　　（印）
乙　住所　△△△
　　氏名　△△△　　（印）

　このように贈与契約が成立すると、次は贈与税の納税です。贈与税は財産を無償で貰った人（受贈者）が、財産を貰った年の翌年3月15日までに申告と納付を行うルールとなっています。贈与税額の計算式は次のとおりです。

計×算＝式　暦年贈与の贈与税額

（課税価格－110万円）×税率－控除額

課税価格は1年間に貰った財産(財産評価基本通達に基づき評価)を合計します。そして少額の贈与には税金を課さないとの趣旨から110万円の基礎控除があります。これは受贈者1人あたり年間で110万円です。2人から贈与を受けたため220万円(110万円×2人)とはなりません。また、贈与税の課税は相続税より厳しくなっています。贈与税も相続税も最高税率が55%である点には変わりませんが、相続税の最高税率は6億円超から適用されるのに対し、贈与税の最高税率は3,000万円を超えると適用されてしまいます〔**図表Ⅱ－1－⑧**〕。

　ただし、親や祖父母から成人した子や孫への贈与については税率の優遇があります〔**図表Ⅱ－1－⑨**〕。

〔図表Ⅱ－1－⑧〕贈与税の速算表(一般税率)

基礎控除後の課税価格	200万円以下	300万円以下	400万円以下	600万円以下	1,000万円以下	1,500万円以下	3,000万円以下	3,000万円超
税率	10%	15%	20%	30%	40%	45%	50%	55%
控除額	－	10万円	25万円	65万円	125万円	175万円	250万円	400万円

〔図表Ⅱ－1－⑨〕　贈与税の速算表(特例税率)

基礎控除後の課税価格	200万円以下	400万円以下	600万円以下	1,000万円以下	1,500万円以下	3,000万円以下	4,500万円以下	4,500万円超
税率	10%	15%	20%	30%	40%	45%	50%	55%
控除額	－	10万円	30万円	90万円	190万円	265万円	415万円	640万円

(注)祖父母や父母から、その年の1月1日において20歳以上の子や孫への贈与については、特例税率により贈与税を計算する

　仮に1年間に2,000万円の現金贈与を受けたとすると、695万円の贈与税が生じます。

$$\underset{\text{課税価格}}{(2{,}000\text{万円}} - \underset{\text{基礎控除額}}{110\text{万円}) \times \underset{\text{税率}}{50\%} - \underset{\text{控除額}}{250\text{万円}} = 695\text{万円}$$

　この贈与税を翌年3月15日までに納付するわけです。しかし、2,000万円を貰ったとしても、納税を済ませると1,305万円しか残らないのでは、多くの人が納得しないでしょう。

　そこで、年間500万円の贈与を4年間行うと贈与税額はどうなるでしょうか。

　　　　　　　　　　　　　　　基礎控除額　　　税率　　　控除額
・贈与税額（年）：（500万円－110万円）×20％－25万円＝53万円
・4年間の合計　：53万円×4年＝212万円

　なんと483万円（695万円―212万円）の節税です。ちなみに毎年110万円の贈与（最後の年は20万円）を行えば、19年かかりますが、2,000万円の現金を無税で贈与することも可能です。

　また、贈与者に金額の制限はありません。例えば親族5人にそれぞれ毎年110万円の贈与を行えば無税で年間550万円の相続財産を減らすことができます。これを10年間続けると5,500万円になります。すなわち、暦年贈与を賢く使いこなすポイントは、1人に一度で贈与するのではなく、多くの人に複数年に分けてコツコツ贈与することです。

　なお、暦年贈与では次のようなケースに留意が必要です。

Point

留意すべき贈与

・相続開始前3年以内の贈与
・負担付きの贈与
・低額譲渡

まず、「相続開始前3年以内の贈与」ですが、相続で財産を取得した人が、被相続人から相続開始前3年以内に贈与を受けていた場合、当該贈与財産の評価額を相続税の計算に含める必要があります。そのうえで、支払った贈与税は相続税から差し引くことができます。これは、近々相続が起こりそうな状況で、生前贈与を行い相続税の節税をすることを防止するためです。対象となる贈与は贈与税がかかっていたか否かは関係ありません。したがって、基礎控除額110万円以下の贈与も対象となり、結果的に相続税がかかります。

　次に「負担付きの贈与」ですが、土地や家屋を借入金等の負債とともに贈与する場合に対しても留意が必要です。なぜなら、この場合の課税価額は土地や建物を通常の取引価額で評価したうえで、借入金等を差し引いた金額となるからです。すなわち、土地や建物の評価に財産評価基本通達に基づく路線価評価や固定資産税評価を使うことはできません。これは、土地や建物は時価より低く評価される一方で、負債は債務額で評価されることを利用して、過度な節税が行われることを防止するためです。

　最後に「低額譲渡」についてですが、財産を時価よりも著しく低い価額で譲り受けた場合です。この場合、法律的には譲渡が行われたわけで、贈与が行われたわけではありません。しかし、低額譲渡が行われた場合の時価と譲渡価格との差額は、実質的には贈与が行われたものと同視できます。そこで税務上は、当該差額を贈与税の対象としました。これを税務特有の贈与で「みなし贈与」といいます。

財産評価のツボ

1 時価とは?

　相続税対策を考えるうえで、財産評価への理解が欠かせません。特に時価の概念は、ときに実務家をも悩ます奥の深いテーマです。したがって、金融パーソンとしてはあまり深入りせずに、相続税法の考える時価と、実勢価格（いわゆる時価）との違いを中心に理解することがポイントです。

❶相続税の時価

土地の時価は1つではない⁉

　時価と一言でいうのは簡単ですが、実際に時価で評価することは容易ではありません。100万円の現金の評価額は時価でも100万円ですが、土地ではどうでしょうか。土地の時価は「一物四価」と呼ばれているように、次のように4種類もの時価が存在します〔**図表Ⅱ－2－①**〕。

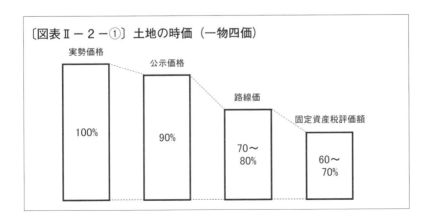

〔図表Ⅱ－2－①〕土地の時価（一物四価）

実勢価格　100%
公示価格　90%
路線価　70～80%
固定資産税評価額　60～70%

土地の時価は4種類

・時価（実勢価格）　→　実際に市場で売買される価格。売主と買主の交渉で決まる。

・公示価格　→　不動産取引価格の目安とするため、毎年1月1日時点の価格を国土交通省が公表。実勢価格の90％が目安。

・路線価　→　相続税や贈与税の計算に使用するため国税庁が公表。公示価格の80％が目安。

・固定資産税評価額　→　固定資産税を算出するために各市区町村が決定。公示価格の70％が目安。

相続税法第22条と財産評価基本通達

　このように土地だけを見ても4つの時価が存在していますが、相続税法では次のように規定されているのみです。

相続税法第22条

相続、遺贈又は贈与により取得した財産の価額は、当該財産の取得の時における時価による

　これではどの時価を用いるのか不明ですし、実勢価格を用いた評価と固定資産税評価額を用いた評価とでは、税額が大きく異なる結果となり不公平が生じます。

　そこで国は財産評価基本通達を定めました。この通達は本来、行政機関内の指示に用いるものですが、税務調査官は通達に従って納税者に指摘を行うため、実務上は財産評価基本通達に従い相続財産を評価します。

　このことから、相続税や贈与税を計算する際の土地の時価は、財産評価基本通達に従い路線価（路線価地域の場合）を用います。

　そして、財産評価基本通達が用いる路線価が公示価格の8割を目安に設定されているように、財産評価基本通達に基づく評価額（相続税評価額という）は、必ずしも市場で不特定多数の取引者との間で決まる時価（実勢価格）とは一致しない、という理解がここでは大切です。

❷時価と相続税評価額のズレ

　時価（以下、時価とは実勢価格とする）と財産評価基本通達に基づく相続税評価額には価額のズレが生じます。

　これは時価が売手と買手の事情を反映して決定されるものであり、画一的に評価できない性質を有しているのに対して、相続税評価額は課税の公平性という観点から画一的な評価が求められているからです。

　主な資産について、時価と相続税評価額のズレをイメージで示すと**図表II－2－②**のようになります。

〔図表Ⅱ-2-②〕 価額のズレのイメージ

財産の種類	時価（実勢価格）	相続税評価額
現預金	1億円	1億円
土地	1億円 取引事例や収益還元法等	7,000万円 路線価（時価の70〜80％）
建物	1億円 建築価額等	6,000万円 建築価額の60〜70％
非上場株式	1億円 DCF法や時価純資産価額等	3,000万円 類似業種比準価額

　このように、通常は相続税評価額が時価を下回ります。したがって、相続税の申告を行ううえで問題は生じませんが、まれに財産評価基本通達が想定していない土地等に関して、画一的に算出した相続税評価額が時価を上回ることがあります。

　このような場合の相続税評価額は不合理かつ課税の公平性を維持できない評価額と考えられるため、実務上は不動産鑑定士等による時価鑑定を行い、当該時価を相続税評価額として申告を行います。

　なお、遺言を残す場合や遺産分割協議の場において、相続税評価額に基づき各人の取得額を決定すると、実際の換金可能額とは異なるため、相続人間でトラブルに発展することがあります。

　このような場面では時価を念頭に話を進めることが円満相続につながります。

2 土地・建物の評価

　ここからは具体的に財産評価基本通達（以下、「通達」という）が規定する評価方法を理解しましょう。まずは、個人資産の大多数を占める土地と建物の評価です。

❶土地評価の原則

土地評価の基礎知識

　通達に基づき土地の評価を行う場合、まず「地目」「評価単位」「地積」という３つのキーワードを押さえる必要があります。

　最初のキーワード「地目」ですが、通達では次の９つの地目ごとに評価方法を定めています。

宅地、田、畑、山林、原野、牧場、池沼、鉱泉地、雑種地

　このなかで、財産的価値が大きく最も重要な地目は「宅地」です。したがって、本書では宅地の評価にポイントを絞って解説します。なお、地目の判定は土地の現況で判定します。登記簿上は山林や畑でも、宅地として利用されていれば宅地として評価するため、留意が必要です。

　２つめのキーワードは「評価単位」です。通達では宅地の評価単位を「１画地の宅地」としています。これは利用の単位となっている１区画の宅地のことです。

　必ずしも１筆（登記簿上の単位）の宅地とは限らず、２筆以上の宅地が「１画地の宅地」となる場合もあります。逆に１筆の宅地が２画地以上の宅地として利用されている場合もあります〔**図表II－2－③**〕。

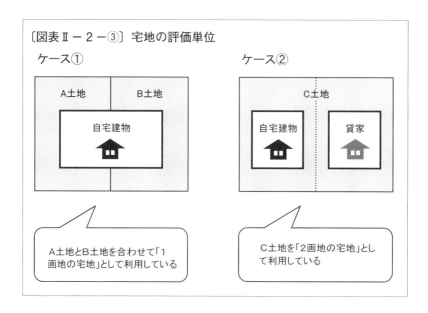

〔図表Ⅱ−2−③〕宅地の評価単位

ケース①

A土地　B土地

自宅建物

A土地とB土地を合わせて「1画地の宅地」として利用している

ケース②

C土地

自宅建物　貸家

C土地を「2画地の宅地」として利用している

　最後のキーワードが「地積」です。当該地積は実際の面積であるため、登記簿上の地積であるとは限りません。実務上は測量図のある土地は当該測量面積を使います。ただし、測量図のない全ての土地に実測を求めているわけではありません。したがって、著しく不合理と判断されるような面積である場合を除いては登記簿上の地積を使います〔図表Ⅱ−2−④〕。

自宅敷地の評価

　それでは具体的な宅地の評価を自宅敷地で見ていきましょう。自宅敷地の評価方法には次の2つがあります。

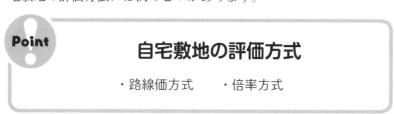

Point

自宅敷地の評価方式

・路線価方式　　・倍率方式

〔図表Ⅱ－2－④〕土地の登記簿謄本

東京都世田谷区成城○丁目1234-5　　　　　　　　　全部事項証明書　　（土地）

【　表　題　部　】　（土地の表示）			調製 平成○年9月22日	地図番号	余白

【不動産番号】	1234567891012				
【所　在】	世田谷区成城○丁目		余白		

【①地番】	【②地　目】	【③地　積】　　　㎡	【原因及びその日付】	【登記の日付】
1353番3	宅地	485 13	1353番1から分筆	平成4年3月16日
余白	余白	余白		昭和63年法務省令第37号 附則第2条第2項に規定に より移記 平成○年○月22日

【　　甲　　区　　】　（所有権に関する事項）			
【順位番号】	【登記の目的】	【受付年月日・受付番号】	【　原　因　】	【権利者その他の事項】
1	所有権移転	平成12年○月○日 第57097号	平成12年○月○日相続	共有者 世田谷区喜多見○丁目○番○号 持分の5分の3 ×　×　太　郎 世田谷区喜多見△丁目△番△号 5分の2 ×　×　一　郎

【　　乙　　区　　】　（所有権に関する事項）			
【順位番号】	【登記の目的】	【受付年月日・受付番号】	【　原　因　】	【権利者その他の事項】
1	根抵当権設定	平成12年○月28日 第60450号	平成12年○月28日設定	極度額 金1億4,600万円 債権の範囲 銀行取引 手形債権 　　　　　　小切手債権 債務者　世田谷区成城○丁目○番○号 　株式会社 ○○○○ 根抵当権者　中央区中央○丁目○番○号 　株式会社 ××××銀行

　まず、路線価方式ですが、当該方式は道路に付された路線価（1
㎡あたりの価額を国税庁が毎年発表）に基づき評価を行います。道
路をへだてると土地の価額が大きく異なる市街地の宅地の評価に適
した方法です。

　一方、倍率方式は固定資産税評価額に一定の倍率を乗じて評価を
行います。この方法は土地の価額が大きく異ならない郊外の住宅地
を評価する場合に適しています。評価対象地をどちらで評価するの
かは、国税庁の発表する路線価図と倍率表（いずれも国税庁のホー
ムページで閲覧可能）で簡単に確認することができます〔**図表Ⅱ－
2－⑤、⑥**〕。

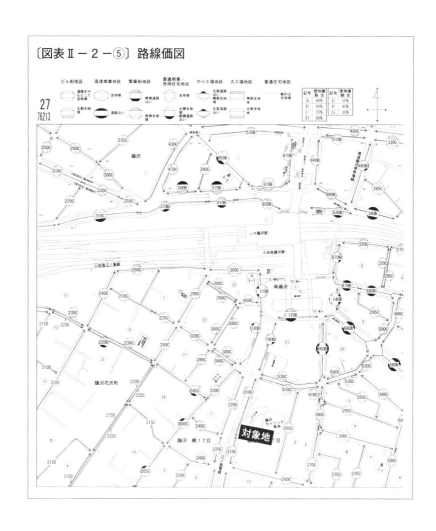

［図表Ⅱ－2－⑤］路線価図

　では実際に路線価図と倍率表を見て、土地の評価をしてみましょ
う。まずは路線価方式です。
　対象地を確認すると前面道路に路線価が設定されています。

〔図表II－2－⑥〕倍率表

平成27年分　　　　倍　率　表　　　　　　　　　　　　　　　　1頁

市区町村名：藤沢市　　　　　　　　　　　　　　　　　　　　　　　藤沢税務署

音順	町（丁目）又は大字名	適　用　地　域　名	借地権割合	固定資産税評価額に乗ずる倍率等						
			％	宅地	田	畑	山林	原野	牧場	池沼
あ	朝日町	全域	－	路線	比準	比準	比準	比準		
い	石　川	市街化調整区域								
		1　農業振興地域内の農用地区域			純	38純	57			
		2　引地川特別緑地保全地区	50	1.1	－		－中	194中	194	
		3　上記以外の地域 【対象地】	50	1.1	中	53中	71中	97中	97	
		市街化区域								
		1　北部第二（三地区）土地区画整理地区		個別	個	個	個	個		
		2　上記以外の地域	－	路線	比準	比準	比準	比準		
	石川1～6丁目	全域	－	路線	比準	比準	比準	比準		

「310C」という記号が付されていますが、これは 1 ㎡あたりの路線価が 31 万円で借地権割合が 70％であることを示しています。

　また、丸いマークは普通商業・併用住宅地区であるという意味です。仮に対象地の地積が 300 ㎡だとすると、土地の評価額は次のようになります。

路線価　　　地積
31 万円 × 300 ㎡ = 9,300 万円

　厳密な評価では土地の間口距離や奥行距離等により細かな調整計算を行いますが、金融パーソンが押さえておくべきイメージとしては上記の計算式で十分です。

　次に自宅敷地が倍率地域にあるケースです〔**図表II－2－⑥**〕。

　対象地を確認すると宅地の倍率は 1.1 倍、借地権割合 50％の地域であることがわかります。仮に対象地の固定資産税評価額が 3,000 万円だとすると、土地の評価額は次のようになります。

$$\underset{\text{固定資産税評価額}}{3{,}000\,\text{万円}} \times \underset{\text{評価倍率}}{1.1\,\text{倍}} = 3{,}300\,\text{万円}$$

　なお、固定資産税評価額にはその土地固有の間口距離や奥行距離等の調整計算が折り込み済であるため、路線価方式のような細かな調整計算は不要です。したがって、非常に簡便な評価方式といえます。

借りている土地の評価

　では他人から土地を借りて自宅建物を建てている場合はどうでしょうか〔**図表Ⅱ－2－⑦**〕。

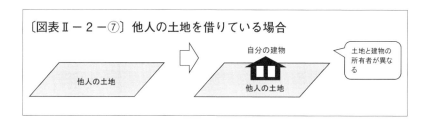

〔図表Ⅱ－2－⑦〕 他人の土地を借りている場合

他人の土地 → 自分の建物　他人の土地　土地と建物の所有者が異なる

　土地の所有者は他人なので土地の評価額はゼロ。確かにそうですが、一般的には建物所有目的で土地を借りた場合には、土地の所有者に対して更地価額の7割程度（地域によって異なる）の一時金を支払います。

　この一時金は借地権として、第三者への譲渡も可能な財産的価値のある権利です。そこで通達では更地の評価額（自用地評価額）に、地域ごとの取引慣行を考慮した借地権割合を乗じて、借地権を評価します。先ほどの路線価地域にある評価対象地を前提とすれば、借地権割合は70％なので借地権の評価額は次のようになります。

　　路線価　　　　地積　　　借地権割合
31 万円　×300㎡　×　70％＝6,510 万円

　一方、土地を貸している所有者にとっては借地権の評価額だけ、土地の価値は下がります。このような土地を貸宅地（底地）といい、貸宅地の評価額は次のようになります。

　　路線価　　　　地積　　　　借地権割合
31 万円　×　300㎡ ×（1 － 70％）＝ 2,790 万円

　すなわち、当初 9,300 万円の自用地評価額の土地に借地権が設定されると、借地権 6,510 万円（土地賃借人の財産）と貸宅地 2,790 万円（土地賃貸人の財産）に分かれるということです。

アパート敷地の評価

　所有する土地にアパートを建てて賃貸業を営むケースもよくあります〔**図表II－2－⑧**〕。

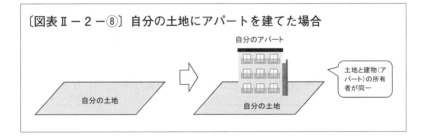

〔図表II－2－⑧〕自分の土地にアパートを建てた場合

この場合には建物の賃借人（借家人）が居住に必要な範囲で土地を利用するため、更地の場合や自宅敷地と比較して、土地所有者の利用は制限されます。加えて、借家人の退去には立退料を支払うことが通常です。これらの事情を考慮してアパートの敷地（貸家建付地）は、自用地評価額よりも低い価額で評価されます。具体的には次の計算式によります。

計×算＝式　貸家建付地

自用地評価額×（1 －借地権割合×借家権割合×賃貸割合）

　すなわち通達では立退料相当額として、自用地評価額に借地権割合と借家権割合（通常は30％）を乗じた金額を控除しています。

　ただし、借家人がいなければ立退料を支払う必要もないため、実際に賃貸されている面積の割合を賃貸割合として調整します。

　先ほどの路線価地域にある評価対象地を再度例にとり、アパートは10室のうち2室が空室だったとすると、貸家建付地の評価は次のようになります。

自用地評価額　　　　借地権割合　　借家権割合　　賃貸割合
9,300 万円×（1 － 70％　×　30％　×　80％）＝ 7,737 万 6,000 円

　よく空室が多いと土地の評価額が下がると勘違いされますが、相続税評価額では賃貸割合が考慮されるため、満室であることが評価引下げのポイントです。

❷土地評価の特例

　土地は相続財産に占める金額の大きな資産です。したがって、相続対策を検討する場合には、土地の評価額がポイントとなるケースが多くあります。そこで、土地の評価額を大きく減額できる特例を2つ紹介します。いずれの特例も詳細な部分では専門家も頭を悩ます内容のため、まずは制度概要のツボを押さえることが大切です。

最大8割減、小規模宅地の特例

　被相続人が住んでいた、あるいは事業を行っていた土地を、相続人が相続し、当該土地に住む、あるいは事業を引き継ぐケースがあります。

　しかし、相続で土地を取得した以上は相続税を支払わなければなりません。相続人に納税資金があればよいのですが、相続税支払のために泣く泣く住むための土地や生活のために事業を行っている土地を売却しなければならない、ということも十分に考えられます。

　このような事態を国は望んではいません。そこで、住むためや事業を行うための土地で一定の要件を満たしたものは、土地の評価額を限度面積まで最大8割引にするとしました。これが「小規模宅地の特例」という制度です。

　この制度は被相続人が土地をどのように利用していくかに応じて、要件・限度面積・減額される割合が異なりますが、ここでは実務上も適用頻度の高い、次の2つの典型例について説明します。

・被相続人が住んでいた土地…特定居住用宅地といいます
・被相続人がアパート経営を行っていた土地…貸付事業用宅地といいます

　まず、この特例を理解するためには、土地の利用形態にかかわらず、共通して満たすべき次の要件を押さえる必要があります。

Point 小規模宅地の特例における共通要件

a. 相続により取得した土地であること
b. 被相続人が亡くなる直前に住んでいた、あるいは貸付事業を行っていた土地であること
c. 土地には建物や構築物が存在すること

　aの要件から生前に贈与を受けた土地は、たとえ相続税の計算に際して相続財産に加算（3年内贈与加算や相続時精算課税適用のケース）されたとしても、特例を受けることはできません。

　また、bの要件から、かつて住んでいた土地や長期に渡り賃借人のいない貸家の敷地は、特例を受けることができません。

　さらに、cの要件から、例えば青空駐車場は特例の対象外です。ただし、アスファルトで舗装された駐車場は、構築物が存在するため、特例を受けることができます。

　これらの要件を満たしたうえで、利用区分に応じて、次の要件を満たした被相続人の親族が、相続により該当の土地を取得する必要があります。

> ## Point 小規模宅地の特例の適用要件
>
> ［特定居住用宅地］
> ・取得者が被相続人の配偶者のケース
> 　→特段の要件はありません
> ・被相続人と一緒に住んでいた親族のケース
> 　→相続開始から申告期限まで該当の家屋に住み、かつ申告期
> 　　限まで該当の土地を所有している親族
> ・被相続人と別居していた親族（いわゆる家なき子）のケース
> 　→被相続人に配偶者や同居の親族がおらず、相続開始前3
> 　　年間は賃貸暮らし（持家がない）で、かつ、申告期限まで
> 　　該当の土地を所有している親族
> ［貸付事業用宅地］
> 　→賃貸事業を引き継ぎ、かつ、申告期限まで該当の土地を所
> 　　有している親族

〔図表Ⅱ－2－⑨〕特例適用の限度面積と減額割合

	限度面積	減額される割合
特定居住用宅地	330㎡	80%
貸付事業用宅地	200㎡	50%

　このような要件を全て満たした相続人が、〔**図表Ⅱ－2－⑨**〕の限度面積で最大8割の評価減を受けることができます。

　なお、特定居住用宅地330㎡と貸付事業用宅地200㎡で合計530㎡まで小規模宅地の特例が受けられるわけではありません。

例えば、特定居住用宅地の限度面積330㎡の半分である165㎡で特例を受ける場合、貸付事業用宅地の限度面積は200㎡の半分である100㎡とする調整計算を行います。したがって、平米（㎡）あたりの評価額が同じ土地であれば、より減額割合の大きな特定居住用宅地から優先して特例の適用を受けると有利です。

　最後に手続き上の留意点ですが、小規模宅地の特例の適用を受けるには、相続税の申告に際して、遺産分割協議書の写しを添付する必要があります。

　したがって、未分割で申告する場合には特例の適用はありません。また、小規模宅地の特例を使い納税額が生じないケースでも申告のみ行う必要があります。

最大65%減、広大地評価

　ときとして小規模宅地の特例よりも影響の大きな特例が広大地の評価です。イメージは、地主が有している500坪や1,000坪の宅地です。このような広大な宅地を売却しようと考えた場合、誰が買い取ってくれるでしょうか。

　たまたま裕福な資産家が自宅用として個人で購入することもありますが、このようなケースは例外です。通常は戸建分譲開発業者が購入するかマンション開発業者が購入することになるでしょう。

　そして、戸建分譲開発業者が買い取った場合、敷地に道路を通し、購入しやすい面積に区画割を行ったうえで、販売されます。

　つまり、開発の過程で道路を通す必要があるため、販売の対象とはならない、いわゆる「潰れ地」が生じます。そのため、戸建分譲開発業者は当該潰れ地を考慮した低い価額でしか土地の購入を行いません。このように、標準的な面積の宅地に比較して、広大な面積の宅地は平米あたりの市場売却価額が低くなるのです。

　そこで、通達では、広大な面積の宅地について市場価額との整合性を保つために、次のような計算式にて評価します。

計×算=式　広大地の価額

路線価×広大地補正率※×地積
※広大地補正率＝ 0.6 － 0.05 ×（広大地の地積÷ 1,000㎡）

　広大地補正率は下限が 0.35 とされており、最大で評価額が 65％減となります。広大地に該当すれば、地積に制限はありません。また、限度面積内であれば小規模宅地の特例との併用適用も可能です。これらより、いかに広大地評価が重要であるか理解できるでしょう。
　ただし、広大地に該当するか否かの判定は容易ではありません。なぜなら、次の 3 つの要件を満たす必要があるからです。

Point　広大地の要件

a. その地域における標準的画地に比べて著しく地積が大きいこと
b. 戸建分譲住宅用地であること
c. 開発行為を行う場合に道路等の公共公益施設用地の負担が必要なこと

　まず、a の要件ですが三大都市圏にある市街化区域では 500㎡以上であるかが 1 つの目安とされています。ただし、地域によって標準的画地は異なるため、500㎡未満であっても要件を満たす可能性はあります。
　次に b の要件ですが、大規模な工場用地としての利用や、マンション開発業者への売却が合理的と判断される宅地は広大地となりませ

ん。なぜなら、工場用地やマンション用地では潰れ地の生じる余地がないからです。

　最後にｃの要件ですが、道路や公園等による潰れ地が生じる必要があるということです。この判断は難しいケースが多く、潰れ地の生じない旗竿開発（新たな道路負担が生じない宅地開発のうち、細長い通路部分が生じるもの）が可能である場合には広大地には該当しません〔**図表Ⅱ－２－⑩**〕。

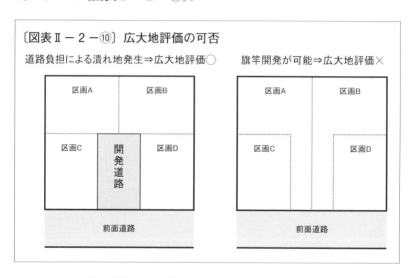

〔図表Ⅱ－２－⑩〕広大地評価の可否

　このように減額効果も非常に大きな広大地評価ですが、要件の判定も非常に難しい特例です。したがって、実務上も税理士が単独で判断するのではなく、不動産鑑定士等の不動産の専門家を交えて最終判断を行うケースが大半でしょう。

❸建物の評価

　建物の評価は土地の評価ほど難しくはありません。なぜなら市区町村が決定した固定資産税評価額に基づき評価するためです。むしろ、理解として重要なことは、固定資産税評価額に基づき相続税評

価額を計算するため、時価（＝簿価）と大きく乖離するということです。固定資産税評価額は新築建物であれば建築価額の60％〜70％を目安に設定されています。

　つまり、建物の相続税評価額は時価よりも大幅に低いということです。

自宅建物の評価

　自宅建物は「自用家屋」といい、次のように評価を行います。

計×算＝式　自用家屋の評価額

　自用家屋の評価額＝家屋の固定資産税評価額

　なお、建物のリフォームを行った場合、大規模なリフォームでなければ固定資産税評価額には影響しません。したがって、将来必要となるリフォームであれば、生前に行うことも相続税対策となります。

賃貸建物の評価

　賃貸建物は「貸家」といい、次のように評価を行います。

計×算＝式　貸家の評価額

　家屋の固定資産税評価額×（1－借家権割合×賃貸割合）

　計算式の借家権割合は全国一律30％です。したがって、新築で満室の賃貸物件については、建築価額のおよそ5割が相続税評価額

の目安です（固定資産税評価額が建築価額の60％〜70％であることに加えて、借家権割合が3割減されるため）。

　ただし、空室は一時的なものを除き、賃貸割合に影響します。このことから、長期に空室となっている部屋が多い物件は留意すべきでしょう。

3 取引相場のない株式の評価

　ここまで、個人資産の大多数を占めることの多い土地と建物の評価について説明してきました。ここで中小企業のオーナー経営者に限ってみれば、個人資産の大半は自ら経営する非上場会社の株式となります。

　したがって、事業承継を考えるうえでも非上場会社の株式（通達では「取引相場のない株式」）の評価を理解しておくことは大変重要です。

　まずは評価の概要から確認していきましょう。

❶評価方法の種類
原則と特例
　上場会社の株式の時価は取引市場で明確に決定されるのに対し、非上場会社の株式の時価の考えは様々です。土地の時価は「一物四価」と前述しましたが、非上場会社の株式の時価算出方法は4通りどころではありません。

　そこで通達では取引相場のない株式の評価方法として、次の3つを定めています。

Point　通達における取引相場のない株式の評価方法

- 類似業種比準方式　→　上場している業種の似た会社の株価と連動するような評価方法
- 純資産価額方式　　→　会社の清算価値に着目した評価方法
- 配当還元方式　　　→　株主が受領する配当に着目した評価方法

　これら3つの評価方法は任意に選択できるわけではありません。原則は類似業種比準方式か純資産価額方式（あるいはその両方）しか使えません。なぜなら、配当還元方式は会社の意思決定に影響を与えるほどの議決権を有せず、配当受領を期待するしかない少数株主の保有する株式を評価する場合に馴染む評価方法だからです。

　実際には細かな判定基準がありますが、中小企業の多くは身近な親族で保有しているケースがほとんどです。オーナー経営者や後継者の保有する株式の評価は原則的な評価方法が適用される、というイメージが大切です。

Point　株式評価方法の原則と例外

- 原則は類似業種比準方式と純資産価額方式
   →オーナー経営者や後継者の保有する株式の評価に適用
- 配当還元方式は例外
   →少数株主（例えば従業員や取引先）の保有する株式の評価に適用

会社規模による区分

　このように通達では少数株主に該当するか否かといった株主区分により原則的な評価方法と例外的な評価方法である配当還元方式を使い分けています。

　しかし、原則的な評価方法には類似業種比準方式と純資産価額方式の２つの方法があります。これらはどのように使い分けるのでしょうか。ここでも色々な考えがありますが、通達では会社規模に応じて次のように評価方法を使い分けることとしています。

Point 会社規模による株式評価方法

・大会社　→　類似業種比準方式（有利な場合は純資産価額方式も可）

・中会社　→　併用方式※（有利な場合は純資産価額方式も可）

・小会社　→　純資産価額方式（有利な場合は併用方式※も可）

※併用方式とは類似業種比準価額と純資産価額を一定の割合でミックスする方式です

　このように評価方法を使い分けるのは、非上場会社といっても、上場していてもおかしくない大規模な会社から、個人事業と変わらない小規模な会社まで様々だからです。

　そこで通達では、大規模な会社は上場している業種の似た会社の株価と連動する類似業種比準方式を原則とし、小規模な会社は保有する資産に着目した純資産価額方式を原則としました。

　そして具体的な会社規模ついて、通達では評価時点の直前期末における次の３つを判定基準としています。

Point　通達における会社規模の判定基準

・直前期末における帳簿上の総資産価額
・直前期末以前１年間の従業員数
・直前期末以前１年間の取引金額

　要するに通達では、経営を行ううえで重要な資源であるヒト（従業員）・モノ（資産）・カネ（売上）のボリュームを判定基準としているわけです。
　実際の判定の流れは国税庁の「取引相場のない株式の評価明細書（会社規模の判定基準）」にまとめられています〔**図表II－２－⑪**〕。

〔図表Ⅱ－2－⑪〕 取引相場のない株式の評価明細書 (1)

① 直前期末以前1年間における従業員数に応ずる区分				100人以上の会社は、大会社(㋬及び㋛は不要)			
				100人未満の会社は、㋬及び㋛により判定			

㋬ 直前期末の総資産価額(帳簿価額)及び直前期末以前1年間における従業員数に応ずる区分				㋛ 直前期末以前1年間の取引金額に応ずる区分			会社規模とLの割合(中会社)の区分
総 資 産 価 額（帳 簿 価 額）			従業員数	取 引 金 額			
卸 売 業	小売・サービス業	卸売業、小売・サービス業以外		卸 売 業	小売・サービス業	卸売業、小売・サービス業以外	
20億円以上	10億円以上	10億円以上	50 人 超	80億円以上	20億円以上	20億円以上	大 会 社
14億円以上 20億円未満	7億円以上 10億円未満	7億円以上 10億円未満	50 人 超	50億円以上 80億円未満	12億円以上 20億円未満	14億円以上 20億円未満	0.90　中
7億円以上 14億円未満	4億円以上 7億円未満	4億円以上 7億円未満	30 人 超 50 人 以 下	25億円以上 50億円未満	6億円以上 12億円未満	7億円以上 14億円未満	0.75　会
7,000万円以上 7億円未満	4,000万円以上 4億円未満	5,000万円以上 4億円未満	5 人 超 30 人 以 下	2億円以上 25億円未満	6,000万円以上 6億円未満	8,000万円以上 7億円未満	0.60　社
7,000万円未満	4,000万円未満	5,000万円未満	5 人 以 下	2億円未満	6,000万円未満	8,000万円未満	小 会 社

・「会社規模とLの割合（中会社）の区分」欄は、㋬欄の区分（「総資産価額（帳簿価額）」と「従業員数」とのいずれか下位の区分）と㋛欄（取引金額）の区分とのいずれか上位の区分により判定します。

　この表は非常によくできているため、使い方さえ理解してしまえば、会社規模の判定を容易に行えます。そこで表の使い方ですが、まずは①の従業員数を確認します。従業員数が100人以上の会社は無条件で大会社となります。

　100人未満の会社については、㋬と㋛の区分を比較して上位の区分が該当の会社区分となります。なお、少し細かいことですが、㋬の区分は総資産価額と従業員数の区分を比較して、下位の区分を用います。最後に中会社の「Lの割合」とは折衷方式において、類似業種比準価額をミックスする割合となります。

　より理解を深めるために次のような会社の会社規模を判定してみましょう。

> ### CASE
> ・製造業を行っている従業員数 60 名の会社である
> ・総資産価額は 5 億円、売上は年間 15 億円である

　この場合、従業員数が 100 人未満であるため無条件に大会社とはなりません。そこで、㋐と㋑の区分を比較する必要があります。まずは㋐の区分からですが、従業員数では 50 人を超えるため大会社の可能性もありますが、総資産価額が 5 億円しかないため、㋐の区分は中会社（L の割合 0.75）となります。

　一方、㋑の区分は売上 15 億円であるため中会社（L の割合 0.90）となります。両者を比較すると㋑の区分が上位であるため、当該会社の会社規模は中会社（0.90）と判定されます〔**図表II－2－⑫**〕。

　したがって、原則的な評価で株価を算出する場合、1 株あたりの株価は次のように折衷方式で計算することとなります。

---

1 株あたりの相続税評価額＝類似業種比準価額×0.9＋純資産価額×0.1

---

❷類似業種比準価額

　ここからは、より具体的な株価計算の仕組みを理解しましょう。ただし、詳細な計算は税理士や専門部署の担当者が行うでしょうから、本書では株価計算の仕組みがイメージできるようになる、という点に絞って説明します。

　このようなイメージを持つだけでも、事業承継対策や相続対策の方向性を示すには十分です。

〔図表Ⅱ－2－⑫〕取引相場のない株式の評価明細書（2）

第1表の2　評価上の株主の判定及び会社規模の判定の明細書（続）　　会社名

3. 会社の規模（Lの割合）の判定

項　目	金　額	項　目	人　　　数
直前期末の総資産価額 （帳簿価額）	千円 500,000	直前期末以前1年間における従業員数	60 人 〔従業員数の内訳〕 〔継続勤務従業員数〕〔継続勤務従業員以外の従業員の労働時間の合計時間数〕
直前期末以前1年間の取引金額	千円 1,500,000		(60人) ＋ (時間) / 1,800時間

① 直前期末以前1年間における従業員数に応ずる区分　　100人以上の会社は、大会社（⑥及び⑦は不要）
100人未満の会社は、⑥及び⑦により判定

⑥ 直前期末の総資産価額（帳簿価額）及び直前期末以前1年間における従業員数に応ずる区分				⑦ 直前期末以前1年間の取引金額に応ずる区分			会社規模とLの割合（中会社）の区分
総資産価額（帳簿価額）			従業員数	取引金額			
卸売業	小売・サービス業	卸売業、小売・サービス業以外		卸売業	小売・サービス業	卸売業、小売・サービス業以外	
20億円以上	10億円以上	10億円以上	50 人 超	80億円以上	20億円以上	20億円以上	大　会　社
14億円以上 20億円未満	7億円以上 10億円未満	7億円以上 10億円未満	50人 超	50億円以上 80億円未満	12億円以上 20億円未満	14億円以上 20億円未満	0.90
7億円以上 14億円未満	4億円以上 7億円未満	4億円以上 7億円未満	30 人 超 50 人 以 下	25億円以上 50億円未満	6億円以上 12億円未満	7億円以上 14億円未満	0.75
7,000万円以上 7億円未満	4,000万円以上 4億円未満	5,000万円以上 4億円未満	5 人 超 30 人 以 下	2億円以上 25億円未満	6,000万円以上 6億円未満	8,000万円以上 7億円未満	0.60
7,000万円未満	4,000万円未満	5,000万円未満	5 人 以 下	2億円未満	6,000万円未満	8,000万円未満	小　会　社

・「会社規模とLの割合（中会社）の区分」欄は、⑥欄の区分（「総資産価額（帳簿価額）」と「従業員数」とのいずれか下位の区分）と⑦欄（取引金額）の区分とのいずれか上位の区分により判定します。

判定	大 会 社	中　会　社			小 会 社	
		L の 割 合				
		0.90	0.75	0.60		

〔図表Ⅱ－2－⑬〕類似業種比準価額のイメージ

類似業種の株価 × 配当の水準 ＋ 利益の水準×3 ＋ 純資産の水準 / 5 × 0.7（あるいは0.6 or 0.5）

　まずは類似業種比準価額です。類似業種比準価額の簡略化した計算式は、**図表II－2－⑬**のとおりです。

　類似業種比準価額のポイントは大きく2つです。1つ目が、上場会社の株価水準に影響されるという点です。使うべき株価は業種ごとに国税庁が発表する株価を使います〔**図表II－2－⑭**〕。

　よって、評価対象会社の業績や財務内容に変化がなくとも、好景気等を理由に同じ業種に属する上場会社の株価が上昇している局面では、類似業種比準価額は上がる、ということです。

　2つ目が、株価に対する利益水準の影響は、他の水準の3倍であるという点です。当該水準は同じく国税庁が発表する1株（50円換算）あたりの金額（**図表II－2－⑭**B・C・Dに相当）と評価対象会社の1株あたりの金額を比較して算出しますが、非上場会社における利益水準は税務上問題のない範囲で調整が可能という点で、前述の株価水準とは大きく異なります。

　例えば、自社ビルの大規模修繕を前倒しで行うことで、合法的に利益水準を抑えることは可能です。なお、最後に0.7（大会社の場

〔図表II－2－⑭〕類似業種比準価額計算上の業種目及び業種目別株価（抜粋）

業種目 大分類 　中分類 　　小分類	番号	B 配当 金額	C 利益 金額	D 簿価 純資産 価額	A（株価）				
					平成26 年平均	26年 11月分	12月分	27年 1月分	2月分
小売業	84	3.8	27	213	274	300	304	314	331
各種商品小売業	85	2.4	17	188	182	208	211	215	223
織物・衣服・身の回り品小売業	86	5.8	32	255	303	327	327	326	334
飲食料品小売業	87	4.2	28	254	288	314	320	338	350
機械器具小売業	88	4.1	29	209	242	249	257	265	276
その他の小売業	89	3.5	27	201	263	296	303	314	331
医薬品・化粧品小売業	90	4.8	44	247	392	470	503	552	613
その他の小売業	91	3.0	24	189	237	262	263	266	274
無店舗小売業	92	2.6	22	142	376	399	391	406	462

（出典）国税庁

合で、中会社は 0.6、小会社は 0.5) を乗じるのは、非上場会社の株式は売却先が限られ、上場会社のような流動性が認められないためです。

　また、類似業種比準価額は直前に確定した税務申告書上の数字に基づき、利益水準等を計算します。したがって、大きな損失が発生し、例えば黒字から赤字になる状況であったとしても、当該損失にともなう利益水準の低下が類似業種比準価額に影響を与えるのは、あくまで翌期の株価からである点に留意が必要です。

❸純資産価額

　純資産価額のイメージは、類似業種比準価額よりも直感的にイメージしやすく、具体的には〔図表Ⅱ－2－⑮〕のようになります。

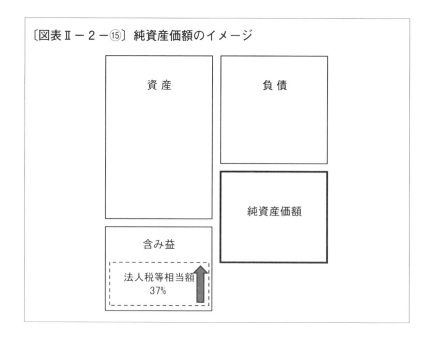

〔図表Ⅱ－2－⑮〕純資産価額のイメージ

資産

負債

純資産価額

含み益

法人税等相当額
37%

　純資産価額は会社の清算価値に着目します。すなわち、会社の資産を全て時価（この場合は相続税評価額）で売却し、負債を全て返済すると、一体いくら手元に残るのか、と考えます。そして、資産を帳簿価額以上の時価で売却した場合、当該売却益には法人税等が課されます。このため、純資産価額の計算上も、資産から負債を差し引くことに加えて、含み益の37％を法人税等相当額として差し引くとしています。

　このように、計算方法自体は単純な純資産価額ですが、実際には会社の保有する全ての資産を通達に基づき相続税評価額で評価する必要があります。特に固定資産として土地や非上場株式を多く保有している会社の評価には実務上も手間を要することが少なくありません。

❹配当還元価額

　最後に配当還元価額のイメージですが、少数株主に対する特例的な評価方式であることを反映して簡便的なものとなっています。

計×算＝式　配当還元価額

> 年配当金額 ÷ 10％

　実際にはもう少し細かな調整計算が入るのですが、イメージは年配当金額の10年分です。なお、ここでの年配当金額は直前期末以前2年間の配当金額の平均額とされています。ですから、期中に多額の配当を行ったとしても、評価額に反映されるのは翌期からとなります。

4 よくある実務での勘違い

❶不動産編

申告期限内の譲渡は特例適用なし!?

　相続税の申告期限は相続開始後 10 ヶ月ですが、遺産分割協議が思いのほか順調に進んだため、申告期限内に相続で取得した自宅敷地を売却する人がいます。

　ここで、売却した自宅敷地が小規模宅地の特例の適用を前提とした土地であった場合にはどのような事態が想定されるでしょうか。売却した本人はもちろん特例の適用は受けられると思っています。

　しかし残念なことに、このようなケースでは小規模宅地の特例を使うことはできません。なぜなら、「申告期限まで所有を継続」という特例の適用要件を満たすことができないためです。恐らく自宅を売却された相続人にはやむを得ない何かしらの事情があったのでしょう。

　したがって、このようなケースに遭遇した場合には、不動産譲渡の契約は申告期限内に行ったとしても、引き渡しは申告期限後に行うよう助言する必要があります。たとえ不動産譲渡の契約が申告期限内であっても、引き続き申告期限後まで住み続け、その後に引き渡しを行った場合には、特例の適用要件を満たすと考えられているからです。

　なお、配偶者が自宅敷地を取得したケースでは上述のような制限はありません。したがって、10 ヶ月を待たずして自宅敷地を売却したとしても特例の適用は可能です。配偶者は、相続を契機に自宅敷地を売却して、他の親族の家に移り住んだり、老人ホームに入居したりするケースも多いことから、税制面での保護が必要と国は考えているのでしょう。

土地の無償貸与で相続対策 !?

　他人に建物所有目的で土地を貸すと、所有している土地は底地となり、相続税評価額は大きく下がります。このことを聞いたのでしょうか、相続税対策と称して親族に土地を貸している人がいました。ただし、金銭のやり取りは一切なく、無償貸与です。

　この場合、実は土地の評価額は1円も下がりません。なぜなら、このような無償の取引を使用貸借といいますが、個人間で土地の使用貸借を行った場合、「税務上は借地権を認識しない」という整理がなされているからです。

　過去には借地権の取引慣行のある地域において土地の使用貸借を個人間で行った場合には、当局が借地権相当額に課税を行う時代もあったようですが、現在では個別通達において借地権を認識しないことが明確になっています。

　なお、見方を変えれば、別途、土地の有効活用策を提案することで、現状の自用地評価額から評価額の下がる余地がある土地ともいえます。したがって、現状を前向きに捉える視点も金融パーソンには求められます。

うっかり敷金の精算を忘れて時価課税 !?

　親から子へ賃貸アパート（建物の時価1億円、固定資産税評価額7,000万円、1,000万円の預り敷金あり）を贈与しました。しかし、賃借人から預かった敷金の精算を親子間で行うことをすっかり忘れていると税務上どのような問題が生じるでしょうか。

　賃貸アパート（貸家）の相続税評価額は賃貸割合が100％だとすれば4,900万円（7,000万円×（1－30％））です。建物の贈与と同時に敷金相当額の現金を子に渡していると、4,900万円の贈与となります。しかし、建物の贈与の時にうっかりと敷金相当額の現金を子に渡していないと、9,000万円（建物の時価1億円－預り敷金1,000万円）の贈与となるのです。

これは、賃貸中の建物の新所有者が当然に敷金を引き継ぐとされているため、敷金相当額の精算を行わない贈与は、負担付き贈与に該当するためです。

　そして負担付き贈与に該当する場合の建物評価額は相続税評価額ではなく、通常の取引価額、すなわち時価とされています。

　賃貸アパートを贈与する際には敷金相当額の精算も併せて行うことを忘れないでください。

❷非上場株式編

類似業種比準価額はすぐに下がらない

　例えば役員退職金を支払ったとします。この時点で純資産価額は下がります。なぜなら、純資産価額は評価時点の資産と負債の状況に基づき評価を行うことが原則だからです。

　一方、類似業種比準価額はどうでしょうか。類似業種比準価額は配当・利益・純資産に基づき計算を行いますが、これらは直前期以前の数字を使います。すなわち、役員退職金の支給により類似業種比準価額が下がるのは、翌期以降に行う贈与からです。基本的なことですが、勘違いをすると、目も当てられない状況となります。

3年内取得の不動産

　不動産は時価（＝取得価額）と相続税評価額に差が生じると説明しました。したがって、個人が不動産を取得した場合、取得した瞬間から取得価額と相続税評価額の差額分だけ、相続財産の圧縮効果が生まれます。

　一方、法人で不動産を取得するとどうでしょうか。仮に純資産価額で評価される会社だったとして、不動産の評価は通達に従って個人と同様に行えるのでしょうか。残念ながら、法人で取得した不動産は取得から3年間、通常の取引価額（時価）で評価しなければなりません。よって、純資産価額が下がるのは不動産取得から3年経

過後となります。評価額が高いうちに、うっかり贈与など行わないように留意しましょう。

法人に相続税評価額で譲渡

　個人が保有している同族会社の株式を資産管理会社等の法人に売却することがあります。この場合、相続税評価額に基づき譲渡価額を決定すると思わぬ課税が生じる可能性があります。なぜなら、相続税評価額は個人間の贈与や相続の際に用いられるもので、個人と法人が行う取引はあくまで通常の取引価額（＝時価）で行うべきと考えられるからです。

　したがって、個人から法人への譲渡は通達の評価額に修正（土地を時価評価したうえで、法人税等相当額の控除をせずに、小会社とみなして評価）を加えた所得税法上の時価（＝法人税法上の時価）を実務上は時価とみなして使うケースが多いのです。この、所得税法上の時価と相続税評価額は大きく乖離していることも珍しくありません。

　仮に所得税法上の時価1億円の非上場株式を相続税評価額3,000万円で売却した場合、まず、購入した法人で時価と購入額の差額7,000万円が受贈益として法人税等の課税対象となります。そのうえで、個人が法人に時価の50％以下で資産を譲渡した場合、時価で資産を譲渡したものとみなす、という恐ろしい規定が存在します。

　よって、実際には3,000万円でしか売却していないにもかかわらず、1億円で売却したものとして、譲渡所得税等の納付が必要となります。さらに、法人が時価よりも著しく低い価額で個人より資産を買い取った場合、資産を売った個人から既存株主への贈与があったとみなされるリスクすらあります。

　このように、非上場株式の譲渡価額を誤ると、悪夢のトリプル課税が行われるリスクもあるので、慎重な判断が要求されます。

事業承継のツボ

1 事業承継とは？

❶何を承継するのか

先代経営者の思い

　事業承継と一言で表しますが、事業承継とはそもそもどのようなことをいうのでしょうか。一般的には事業に関連する資産や負債、あるいはオーナー経営者の地位や経営ノウハウ等を、先代経営者から後継者に引き継ぐ一連の行為です。もう少しわかりやすく中小企業のオーナー経営者をイメージすると、「オーナー経営者が後継者に社長の地位を譲ること」と「オーナー経営者が保有する自社株式を後継者に移転すること」が事業承継なのです。

　では、後継者が社長となり自社株式を引き継ぐと事業承継は成功といえるでしょうか。確かに事業承継は「完了した」といえるかもしれません。しかし、本書ではこれだけで成功したと考えていません。

　事業承継を成功させるポイントは何か。それはオーナー経営者の「思いをどれだけ後継者が理解し引き継げるか」です。オーナー経営者、特に創業者は、事業を行うことにより自身の「思い」を実現させようと考え、その手段として会社経営を行っています。つまり、会社とはオーナー経営者の「思い」を実現するために最適化された組織ともいえます。

　したがって、後継者は先代経営者の「思い」を理解したうえで引き継いだ会社の経営を行うことが最も効率的なのです。もちろん、後継者自身の「思い」もあるでしょう。

　この場合、先代経営者と後継者のそれぞれの「思い」が相容れないものであれば、後継者は事業を承継すべきではありません。

　一方、それぞれの「思い」に共通する部分が大きいようであれば、後継者は先代経営者の「思い」を理解したうえで、引き継いだ会社の組織を改革していけばよいのです。

　いずれにしても、例えば、「長男だから」という理由だけでは事業承継が完了しても成功することはありません。第三者として事業承継のアドバイスをする機会を得たときには、この点を十分に理解し、顧客によりよいアドバイスをしましょう。

よくある勘違い

　先代経営者の「思い」を後継者が引き継ぐことの重要性は理解できたでしょうが、せっかく先代経営者から後継者に「思い」を引き継いだにもかかわらず、事業承継が完了していないケースがあります。典型的な例は、先代経営者が後継者に社長の地位を譲ったにもかかわらず、自社株式の移転には全く手を付けていないケースです。

　これには、先代経営者が社長の地位を譲ることが事業承継だと勘違いしている場合と、自社株式を後継者に移転しなければならないことは理解しているが、株価対策等の知識が乏しく自社株式の移転を躊躇している場合があります。

　いずれの場合も、身近に事業承継における適切なアドバイザーがいないことが原因です。このようなケースに遭遇した場合、ぜひ読者の皆さんから適切なアドバイスを行い、事業承継を成功に導いてください。

いつから考えるべきか

　経営者として事業承継をいつ頃から考えておくべきか、は本当に様々でしょう。最近では若い経営者が会社をある程度成長させたら第三者に売却することを前提に起業するケースも増えていますが、この場合、経営者は起業時より広い意味での事業承継を考えていることになります。

とはいえ、一般論ではオーナー経営者が 60 歳を過ぎたころから事業承継を意識すればよいでしょう。なぜなら、後継者教育の期間や、自社株式の移転に先立つ株価対策等には 5 年から 10 年程度の時間を要することも珍しくはないからです。

したがって、オーナー経営者に対して「事業承継対策は時間を要する」ことの理解を促し、平均的な寿命を考慮して 60 歳を超えた頃から具体的な事業承継のスケジュール作成に着手することが理想である、とアドバイスするとよいでしょう。

❷誰に承継するのか

3 つの承継先

オーナー経営者が誰を後継者に選ぶのかにより承継先は 3 つに分類できます。

> **Point**
>
> # 主な事業承継先
>
> ・親族内承継…子や孫、あるいは兄弟等の親族を後継者とする
> ・親族外承継…親族関係にない自社の役員や従業員を後継者とする
> ・M&A　　　…自社株式を同業他社等の第三者に売却する

いずれもメリット・デメリットがありますが、後継者を決めるオーナー経営者の意思決定は自社の運命を左右しかねない重要事項です。それにもかかわらず、オーナー経営者が意思決定を躊躇し、事業承継が進まないケースがよくあります。このようなとき、第三者が客観的な立場からオーナー経営者の背中をそっと押すことも場合によっては必要です。

やっぱり安心、親族内承継

多くの中小企業は同族経営です。子や孫に継がせたいというのがオーナー経営者の本音です。また、親族内の後継者は資金力がある場合も多く、税務面でも優遇されており、親族外の役員等と比較すれば円滑に事業承継が行い易いでしょう。

会社のことを考え、親族外承継

経営環境の厳しいご時世ですから、やはり後継者は経営者としての実力を兼ね備えている必要があります。そのような後継者は必ずしも親族内にいるとは限らず、優秀な従業員が後継者にふさわしいのかもしれません。

ただし、親族外の役員や従業員は資金力に乏しいことが多いため、自社株式の移転に工夫が必要です。

ますます増える、M&A

親族内や社内に適切な後継者が見つからない場合のみならず、今後の自社の安定的な成長を考慮し、M&Aを選択するオーナー経営者が増えています。大手資本の傘下で安定的な経営を目指すケースや、異業種と組むことで互いに相乗効果を得るケース等があります。

また、オーナー経営者自身も気づいていない価値が自社に埋もれていることもあり、一考に値する選択肢となっています。

❸社長になるということ

社長の役割

後継者が社長の地位を引き継ぐことは、事業承継の重要な要素です。先代経営者が後継者に経営をバトンタッチする瞬間ですから、まさに事業が承継されたときです。この日から後継者は経営トップとして会社を率いていかなければなりません。

社長は急には育たない

　「社長」とは肩書・名称です。ですから、社長の地位を形式的に引き継ぐことは簡単です。重要なことは社長にふさわしい人物として後継者を育てておくことです。後継者の育て方にルールはありません。オーナー経営者が直接ノウハウを伝授する、社内で複数部門の経験を積ませる、外部のセミナーに参加させる等により経営のイロハを伝えなければなりません。

　伝えなければならないことは山のようにあり、後継者の育成には時間を要します。求めるレベルにもよりますが、3〜5年の期間は必要だと考えておくとよいでしょう。したがって、社長は急には育たないことを理解したうえで、余裕をもった中長期の事業承継計画の策定が求められます。

❹株式を所有するということ

会社のオーナーは株主

　会社のオーナー（所有者）は社長である。これは違います。社長（代表取締役）はあくまで株主から会社の経営を任されているだけです。会社の本当の所有者は株式を保有する株主です。会社のオーナーである株主は、経営を任せる社長を自由に選任したり解任したりできます。

　したがって、社長と株主が異なる場合、社長は株主に解任される緊張感を強いられながら経営しなければなりません。社長が安心して会社を経営するためには、自ら株式を保有するオーナー経営者になる必要があるのです。

株主に認められる権利

　株主にはどのような権利が認められているのでしょうか。実は株主一人ひとりに頭数で平等な権利が認められているわけではありません。株主の権利は株式数（議決権の数）に応じて認められます。

主な株主の権利を例示すると**図表II－3－①**のとおりです。

〔図表II－3－①〕株主の権利

議決権割合	権　　利
3分の2以上	株主総会の特別決議（合併や定款変更等）を単独で成立できる
2分の1超	株主総会の普通決議（取締役の選任や解任等）を単独で成立できる
10分の1以上	会社の解散を裁判所に請求できる
100分の3以上	・役員の解任を請求できる ・会計帳簿の閲覧を請求できる

　ここで最も重要な権利は株主総会において特別決議を可決できる権利です。すなわち後継者は株式の3分の2以上を保有することで、会社の重要な決定を単独で行うことができるため、安心して社長として経営を行えるのです。

② 議決権の確保が必要なワケ

❶株式が分散すると

なぜ分散するのか

　先ほど「社長が安心して会社を経営するためには自ら株式を保有するオーナー経営者になる必要がある」と説明しました。しかし、現実には株式が多くの株主に分散しているケースがよくあります。主に次のケースです。

よくある株式が分散しているケース

- ・相続税対策のために親族等に生前贈与した
- ・会社設立時の発起人として名義を借りた

　まず、相続税対策のために親族等に生前贈与したケースですが、これは目先の節税しか考えていなかったことが原因です。多くの親族に贈与した結果、経営に関与しない親族が株主となり、その親族に相続が発生することでさらに株式は分散していきます。

　次に会社設立時の発起人として名義を借りたケースですが、これは平成2年の商法改正前において、会社設立時の発起人を7名集める必要があったことに原因があります。

　すなわち、本人と本人に近い親族だけでは人数を揃えられない場合に、従業員等の名義を借りて会社を設立するケースがありました。この場合、従業員等が保有する株式は資金拠出をともなわない名義だけの株式なので、「名義株」と呼ばれています。

分散することの弊害

　株式が分散することの弊害は、社長が安心して会社経営を行えなくなることにあります。特に社長が議決権の3分の2以上を確保していなければ、日常的な決定は単独で行えますが、重要な決定には必ず他の株主の賛同が必要です。

　例えば、社長が新規事業を行うために定款の目的変更をしようとする場合、事前に他の株主に根回しが必要です。気心の知れた株主ならよいでしょうが、個人的に社長のことを快く思っていない株主がいるとすれば問題です。実際に、議決権の4割を持つ親族外株主との関係が悪くなり、社長の提案が全て否決された事例もあります。

集約は分散より困難

　すでに株式が分散している場合、安定的な会社経営のために、株式の集約を検討する必要があります。しかし、株式を分散するときに比較して、次の点から株式の集約は困難です。

Point　株式の集約が困難な理由

・株主ごとに個別に交渉する必要がある
・譲渡価額に合意を得る必要がある

　まず、株式の集約は基本的に相対（あいたい）で株主と交渉する必要があるため、分散が進めば進むほど交渉相手が増え、集約に労力を要します。また、そもそもタダ（贈与）で貰った株式でも、いざ集約となると時価での買取を要求する株主は多くいます。株式の分散は贈与で手軽に行えたとしても、株式の集約には時間とお金がかかる点に十分な留意が必要です。

❷後継者への集中がセオリー

　目先の相続税対策のために株式を分散することは、後継者の安定的な会社経営、という事業承継の観点からはリスクが大きいと説明しました。では、先代経営者は株式をどのように移転していけばよいのでしょうか。答えは、後継者へ株式を集中させることです。

　確かに株式の移転に際しては後継者の資金負担（相続税や贈与税、あるいは買取資金）が必要となります。しかし、資金負担に関しては事前の株価対策で目処がつくこともありますし、お金で解決できる問題でもあります。一方、分散した株式の問題はお金だけでは解決できない問題です。したがって、多少のコストがかかっても株式

は後継者に集中することがセオリーといえます。

　ではセオリーを押さえておけば十分かというと、そうではありません。事業承継のアドバイスを考えるとセオリーだけではなくオプションも準備しておく必要があります。なぜなら、株価対策をしても、なお株価が高額で後継者に許容できない資金負担が生じるケースなどもあるからです。このようなケースのオプションとして会社法の活用が考えられます。

❸会社法の活用

　商法が改正され平成18年より会社法が施行されています。この改正により、株式会社は普通株式に加えて種類株式を発行できるようになりました。種類株式とは普通株式とは異なる権利内容の付与が可能とされる株式です。

　この種類株式を上手く活用することで事業承継を円滑に行えるのです。それでは、事業承継でよく用いられる3つの種類株式を紹介します。

無議決権株式

　オーナー経営者の場合、資産の大部分が自社株式であることから、遺留分を考慮すれば、どうしても後継者に自社株式を集中できないことがあります。この場合、非後継者に安易に株式を渡すと、後継者が安心して会社経営を行えなくなります。そこで、非後継者に株式は渡さざるを得ないが、経営には口出ししてほしくない、というニーズに応える種類株式が「無議決権株式」なのです。

　無議決権株式には名前のとおり、議決権が付与されていません。よって、経営への口出しはできません。後継者には普通株式、非後継者には無議決権株式を渡すことで事業承継が円滑に進みます。

　ただし、議決権の有無により相続税評価額は基本的に変わらないため、無議決権株式を取得する非後継者に不利な面もあります。

　そのため、非後継者の取得する無議決権株式は普通株式と比較して配当を優先的に受け取れる配当優先の無議決権株式にする、といった配慮をすれば、より事業承継を円滑に進められるでしょう。

黄金株（拒否権付株式）

　黄金株とは株主総会の重要な決議事項（役員の選任や他社との合併等）について「No」といえる種類株式です。例えば、普通株式を持つ株主が満場一致で役員を新たに選任したとしても、黄金株を1株持つ株主が「No」といえば役員の選任は否決されます。その権利の強力さゆえに、俗称ですが「黄金株」と呼ばれます。

　事業承継の場面では、後継者に全ての株式を移転することをためらう先代経営者が、1株だけ黄金株を保有し、引き続き経営に睨みを利かす、といった活用をします。ただし、黄金株は登記事項となり第三者に周知されます。場合によっては黄金株の存在により、親離れできていない後継者、という印象を与えかねません。

　したがって、黄金株を導入するにしても一時的なものと考え、しかるべき時期に黄金株を廃止して普通株式に変える、といったアドバイスが必要でしょう。

取得条項付株式

　取得条項付株式も株式の分散を防ぐために活用できる種類株式です。事前に取得条項（例えば取締役全員の同意等）を決めておくことで、将来、会社での強制買取が可能となります。会社を経営していると、資金繰りの関係等から、どうしても株式の出資を引き受けて貰わなければならない状況も想定されます。

　この場合に、普通株式ではなく取得条項付株式を発行すれば、万が一、出資を引き受けてくれた株主との関係が悪くなったときにも、強制的にお金で解決することができます。なお、買取価格でもめることのないよう、事前に買取価額もしくはその計算式等を取得条項に盛り込んでおくと安心です。

3 株価対策が必要なワケ

❶利益対策をしないと

対策の効果を理解する

まずは言葉で説明するよりも、利益対策による効果を数字で見てみましょう。イメージは類似業種比準価額100％で評価される業績好調な大会社が、対策により利益がゼロとなるケースです〔**図表Ⅱ－3－②**〕。

〔図表Ⅱ－3－②〕 利益対策のイメージ

【対策前の株価】 類似業種の株価 500円 $\times \dfrac{2 + 10 \times 3 + 8}{5} \times 0.7 = 2,800$円

（配当 利益 純資産）

【対策後の株価】 類似業種の株価 500円 $\times \dfrac{2 + 0 \times 3 + 8}{5} \times 0.7 = 700$円

（配当 利益 純資産）

なんと、対策前の株価と比較して対策後の株価は4分の1となりました。

株価対策の重要性

事業承継が進まない原因の1つに、株価が高額であるがゆえに後継者が株式の移転コストを負担しきれないことがあります。特に非上場株式は、換金性が乏しいにもかかわらず、タダで株式を貰ったとしても贈与税の負担（暦年贈与の場合、最大55％の税率が適用）をしなければなりません。そこで、先代経営者から後継者への株式の移転コストを抑えるために、まずは高額な株価を引き下げる検討が必要です。

では、前述の株価を用いて株式の移転コストがどれほど減少したのか見てみましょう。仮に10,000株を親から子に暦年贈与（特例贈与に該当）で移転したとします〔**図表Ⅱ－3－③**〕。

〔図表II－3－③〕利益対策の効果

【対策前の贈与税額】

(2,800円 × 10,000株 － 1,100,000円) × 45% － 2,650,000円 = 9,455,000円

【対策後の贈与税額】

(700円 × 10,000株 － 1,100,000円) × 20% － 300,000円 = 880,000円

　対策により株価は4分の1となりましたが、なんと、移転コスト（贈与税）は10分の1以下に減少しました。これは贈与税や相続税は超過累進税率を採用しているからです。実際に数字で確認すると、改めて株価対策の重要性が認識できたのではないでしょうか。

対策例

　ではどのように利益を減らすのか。主に次の対策が考えられます。

　どのような対策がベストかは会社の状況に応じて様々です。強いていえば、役員退職金の支給は、社長交代のタイミングとも重なることが多いので、よく活用されています。

Point

利益対策の例

・役員退職金の支給
・不良資産（不良在庫や不良債権）の処分
・オペレーティングリースの活用
・損金計上できる生命保険の活用
・赤字のグループ会社との合併　等

❷純資産の引下げは困難

利益対策との違い

　利益対策に比較して、相続税評価額ベースの純資産価額を引き下げるのは困難です。理由は、利益が単年度の金額に過ぎないのに対し、純資産価額は設立時からの利益を積上げた金額であるため、事業承継を考えているような長い業歴の会社では、純資産価額が大きく膨れ上がっているからです。

　加えて、老舗企業などは保有する土地に大きな含み益が生じている場合が多く、最近では、保有する海外子会社の株式に大きな含み益が生じていることもよくあります。例えば利益1億円の会社であっても、純資産価額でみると10億円の評価だったりします。

　役員退職金を1億円支給して利益をゼロにすることは可能かもしれませんが、役員退職金を5億円支給して純資産価額を半分にすることは資金繰り等の面から難しい場合が多いでしょう。このように、全てのケースではありませんが、多くのケースで純資産価額の引下げは類似業種比準価額の引下げに比較すると困難だというイメージがまずは大切です。そのうえで、会社のキャッシュフローに余裕があれば借入れ等を利用して純資産価額を積極的に減らす選択肢もあり得ます。

対策の効果を理解する

　では純資産価額の対策を数字で見てみましょう。まずは、借入れにて資金調達し、役員退職金を支給するケースです〔**図表Ⅱ－3－④**〕。

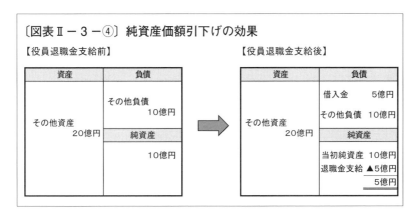

〔図表II-3-④〕純資産価額引下げの効果

【役員退職金支給前】

資産	負債
その他資産 20億円	その他負債 10億円
	純資産
	10億円

【役員退職金支給後】

資産	負債
その他資産 20億円	借入金 5億円
	その他負債 10億円
	純資産
	当初純資産 10億円
	退職金支給 ▲5億円
	5億円

次に借入れで資金調達し、賃貸建物を取得するケースです〔**図表 II-3-⑤**〕。

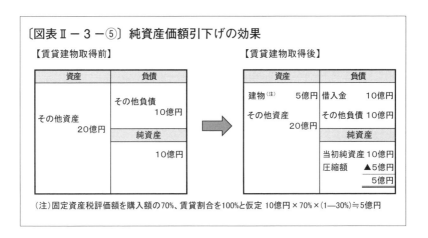

〔図表II-3-⑤〕純資産価額引下げの効果

【賃貸建物取得前】

資産	負債
その他資産 20億円	その他負債 10億円
	純資産
	10億円

【賃貸建物取得後】

資産	負債
建物(注) 5億円	借入金 10億円
その他資産 20億円	その他負債 10億円
	純資産
	当初純資産 10億円
	圧縮額 ▲5億円
	5億円

(注)固定資産税評価額を購入額の70%、賃貸割合を100%と仮定 10億円×70%×(1―30%)≒5億円

いずれのケースも純資産価額は半分になりました。ただし、役員退職金を支給するケースでは5億円の借入れ、賃貸建物取得のケースでは10億円の借入れが生じます。返済能力の有無を慎重に見極めたうえでアドバイスが必要です。

対策例

純資産価額の対策では主に次のようなことが考えられます。

> **Point** **純資産価額の対策**
>
> ・役員退職金の支給
> ・賃貸用不動産の取得
> ・非上場株式の取得（M&A）
> ・債務超過会社との合併　　等

いずれにしても、純資産価額の引下げを優先して会社の資金繰りが窮すれば、本末転倒な結果となります。この点には十分に留意する必要があるでしょう。

❸会社の規模を大きくする

会社規模と株価の関係

会社規模と株価の関係を理解するには、事業承継を考えている長い業歴の会社の株価をイメージするとわかり易いでしょう。前述したようにこのような会社では保有資産に多額の含み益が生じている事が多く、純資産価額が高額になりがちです。仮に、1株あたりの類似業種比準価額は1,000円、純資産価額は土地に含み益があるため1株あたり10,000円だとします。実際にこれぐらい、あるいはこれ以上に価額差のあるケースはよくあります。とすると、会社規模に応じた株価は**図表Ⅱ－3－⑥**のとおりです。

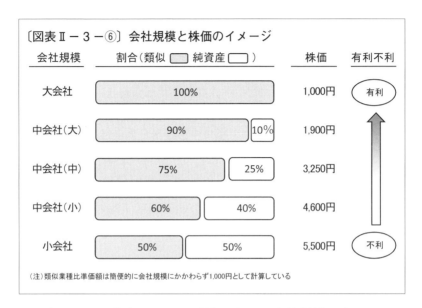

〔図表II－3－⑥〕会社規模と株価のイメージ

会社規模	割合（類似 ▨ 純資産 □ ）	株価	有利不利
大会社	100%	1,000円	有利
中会社（大）	90% ／ 10%	1,900円	↑
中会社（中）	75% ／ 25%	3,250円	
中会社（小）	60% ／ 40%	4,600円	
小会社	50% ／ 50%	5,500円	不利

(注)類似業種比準価額は簡便的に会社規模にかかわらず1,000円として計算している

　図表II－3－⑥を見て一目瞭然ですが、会社規模の大きいほうが類似業種比準価額の割合が計算上大きくなるため有利です。このように、非上場株式の株価対策には利益対策・純資産価額対策に加えて、相続税評価上の会社規模を大きくする方法もあります。

会社規模を大きくするには

　では、どうすれば会社規模を大きくできるでしょうか。ポイントは**図表II－2－⑪**にある会社規模の判定要素です。すなわち、従業員数・総資産価額・取引金額を引き上げればよいのです。例えば、次のような対策が考えられます。

Point 会社規模の判定要素に対する対策

・従業員数が 99 名なので、1 人採用すれば大会社に
・借入れで不動産を購入すれば総資産価額で小会社から中会社に
・子会社と合併すれば取引金額で中会社から大会社に　等

先ほどの例で中会社の中から大会社へ会社規模が変更されると、株価は概ね 3 分の 1 （1 株あたり 3,250 円から 1,000 円）になるため十分検討に値する対策です。

❹特定会社に留意

特定会社の怖さ

財産評価基本通達では株式や土地を多く保有する会社に原則として純資産評価を強制しています。これは、バブル期に上場株式や不動産を法人に移転して節税するスキームが横行し、当該スキームに歯止めをかけたためです。この影響は大きく、特定会社に該当し純資産評価となった途端に株価が 10 倍、20 倍ということも珍しくありません。したがって、株価対策を行ううえでは常に「特定会社に該当しないか」という点に留意する必要があります。具体的に大会社の場合の判定基準は**図表Ⅱ－3－⑦**のとおりです。

また、特定会社の判定は贈与した日や相続が発生した日で行います。したがって、たまたま贈与したタイミングで保有している上場株式が値上がりしていいたため株式保有特定会社に該当した、といったケースも想定されるのです。

〔図表II-3-⑦〕特定会社の判定基準

【株式保有特定会社（大会社）】

資産	負債
株式等　50%以上	
	純資産
その他資産　50%以下	

【土地保有特定会社（大会社）】

資産	負債
土地等　70%以上	
	純資産
その他資産　30%以下	

(注)割合は相続税評価額ベースの総資産に占める割合

　株式や土地の保有割合が高く、特定会社に該当する可能性がある場合には、小まめなチェックがかかせません。

特定会社に該当しないために

　特定会社に該当しないためには、次のような対策で、株式や土地の保有割合を下げる必要があります。

Point　特定会社に該当することを避ける方法

・保有する非上場株式の株価対策を行い、株式保有割合を下げる
・遊休土地に借入れで賃貸建物を建築し、土地保有割合を下げる
・土地や株式を保有していないグループ会社と合併する　等

　ただし、財産評価基本通達には、「合理的な理由なく資産構成を変動し特定会社に該当することを免れた場合には資産構成の変動は

なかったものとして特定会社の判定を行う」という規定があります。

　したがって、株式の保有割合を下げる目的で多額の借入れを行い、現預金と借入金が両建てとなっているケースでは、当然ながら借入れはなかったものとして株式保有特定会社に該当します。

❺持株会社の活用

持株会社とは？

　持株会社とは子会社を有してグループを形成している会社のことであり、**図表Ⅱ－3－⑧**のように複数の子会社を束ねている親会社のことです。

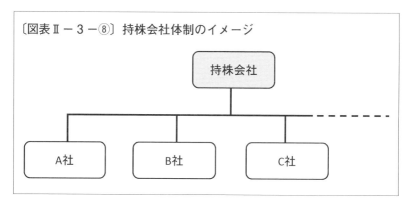

〔図表Ⅱ－3－⑧〕持株会社体制のイメージ

持株会社

A社　　　B社　　　C社

　持株会社は、自らは事業を行わずグループ管理に徹する純粋持株会社と、自ら事業を行っている事業持株会社の2つに分類できます。最近では社名に「○○ホールディングス」と付けている持株会社が上場会社を中心に増えています。

持株会社のメリット

　では、なぜ多くの会社が持株会社に移行しているのでしょうか。

　まずは経営上のメリットが考えられます。例えば、事業会社が販売部門を地域ごとに子会社化した事業持株会社に移行することで、

販売活動の効率化が見込めるケースがあります。また、異なる事業を営む子会社を束ねる純粋持株会社を設立すれば、経営管理の効率化やブランド戦略の統一化といった効果が期待できます。

　一方、非上場会社では経営上のメリットに加えて、事業承継の場面で有効となるケースがあります。例えば次のようなケースです。

Point　持株会社が有効なケース

・複数の会社を営んでいる場合、持株会社形態に移行することで、後継者への株式の移転は持株会社の株式のみで済むため、株式の分散防止が期待できるケース
・純粋持株会社に移行して株式の評価は純資産評価となるが、本業の業績は好調であるため子会社株式の含み益に37％控除が期待できるケース（P247参照）
・事業会社の高収益部門を子会社化し、事業持株会社に移行したため、事業会社の利益水準が下がり、結果、株価も下がるケース（P230参照）

　なお、事業承継の観点からのメリットは、あくまで経営上のメリットを追求し持株会社化した場合の副次的な効果である点には留意が必要です。

持株会社の設立（移行）方法

　このように持株会社には様々なメリットが期待できるため、上場会社のみならず、非上場会社にも持株会社の設立ニーズが存在します。そこで持株会社の設立方法ですが、現金を対価に譲渡で持株会社を設立するケースと、株式を対価にグループ内の組織再編（株式交換・株式移転・会社分割を用いる。詳細はP165、169、172参照）で設立するケースがあります〔**図表II－3－⑨**〕。

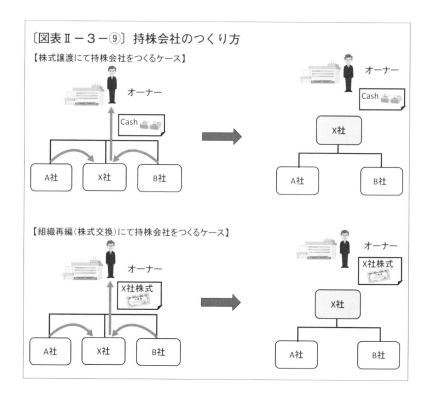

〔図表Ⅱ-3-⑨〕持株会社のつくり方

【株式譲渡にて持株会社をつくるケース】

オーナー

Cash

A社　X社　B社

オーナー

Cash

X社

A社　B社

【組織再編（株式交換）にて持株会社をつくるケース】

オーナー

X社株式

A社　X社　B社

オーナー

X社株式

X社

A社　B社

4 株式の移転方法

❶ 4つの移転方法

　事業承継を完結させるには、どこかのタイミングで先代経営者の保有する自社株式を後継者に移転する必要があります。この場合の移転方法には次の4つが考えられます。

相続

　オーナー経営者が亡くなるタイミングで株式を移転する方法です。最も自然な移転方法かもしれません。ただし、オーナー経営者が遺言を残していない場合には、相続人間での遺産分割協議が必要

となるため、後継者への移転が不確実です。

　また、オーナー経営者の亡くなるタイミングを正確に予測することはできないため、株価対策を行いにくいデメリットもあります。なお、自社株式を取得した後継者には相続税がかかります。

贈与

　オーナー経営者が元気なうちに、無償で株式を移転する方法です。後継者は自社株式をタダで取得できますが、贈与税を納税する必要があります。税務上の観点からは暦年贈与で株式を移転するのか、あるいは相続時精算課税を選択して株式を移転するのか、十分に比較検討する必要があります。

譲渡

　オーナー経営者が後継者に株式を有償で売却し移転する方法です。後継者に買取る資力がある場合に有効です。また、後継者自身に資力がなくとも、MBO方式（P112参照）にて後継者出資法人での買取が可能となる場合もあります。

　なお、株式を譲渡したオーナー経営者には株式売却益に対して20％（所得税15％、住民税5％）の税金がかかります。

信託

　信託には様々な契約形態がありますが、例えばオーナー経営者を委託者兼受託者、後継者を受益者とする自己信託を設定する方法が考えられます。この場合、株式の財産的価値は後継者に移転しますが、株式の議決権はオーナー経営者の手元に留保することが可能です。株価は底値であるが、後継者に議決権まで渡すことに躊躇するオーナー経営者に適した移転方法となり得ます。

　なお、税務上は財産的価値の移転に着目し、後継者は贈与税を納税する必要があります。

❷移転方法の比較

4つの移転方法についてメリット・デメリットを比較すると〔図表Ⅱ－3－⑩〕のとおりです。

〔図表Ⅱ－3－⑩〕 自社株式の移転方法の比較

移転方法	メリット	デメリットと留意点
相続	・遺言を残すことで後継者に株式を移転できる	・遺言がなければ未分割となる恐れがある ・遺言を残す場合には遺留分への配慮が必要 ・亡くなるタイミングで株価を引下げることが難しい
贈与	・譲渡に比較して後継者の資金負担が少額 ・株価の低いタイミングを選んで移転が可能 ・相続時精算課税を選択すれば、一時的な資金負担が少額ですみ、かつ、相続時の株価を低い価額に固定できる可能性がある	・特別受益に該当するため遺留分への配慮が必要 ・相続時精算課税を選択した場合、暦年贈与への後戻りはできない
譲渡	・オーナー経営者は創業者利益を得ることが可能 ・株価の低いタイミングを選んで移転が可能 ・遺留分への配慮が不要	・後継者は多額の買取資金を調達する必要がある
信託	・議決権をオーナー経営者の手元に留保する等柔軟な設定が可能 ・株価の低いタイミングを選んで移転が可能	・受益権を無償で取得する場合、特別受益に該当するため遺留分への配慮が必要

上記の比較からわかるように、相続時の移転はメリットが大きくありません。したがって、事業承継対策という観点からは贈与または譲渡によりオーナー経営者の生前に積極的に後継者への移転を検討すべきです。

そのうえで議決権を手元に留保したい等のオーナー経営者の要望

があれば、信託の活用を検討する流れになるでしょう。

❸ケース別移転方法選択の勘所
親族内承継のケース

　生前贈与による移転を優先して考えることが多いですが、オーナー経営者が創業者利益を得たい場合や、遺留分減殺請求のリスクを完全に排除しておきたい場合にはMBO方式を活用した譲渡の提案が有効です。

　なお、議決権はまだ手放したくない、というオーナー経営者のニーズは多いため、生前贈与に信託を組み合わせる手法もよいかもしれません。

親族外承継（従業員等）のケース

　親族外の従業員等はオーナー家に比較して資金力に乏しいことが通常です。したがって、高額となる贈与税額や株式買取額の資金調達が困難と想定されます。そのため、このようなケースではMBO方式を活用した譲渡の提案が有効です。

第三者へのM&Aのケース

　オーナー経営者が第三者へ無償で自社株式を渡す状況は考えにくいため、譲渡での移転となります。M&Aのケースでは株式の譲渡価額の交渉が一番のポイントとなります。

コラム 2 タワマン節税も終了か？ 資産家への課税強化の流れ。

　平成 28 年 1 月 24 日付けの日本経済新聞朝刊の一面は「マンション節税防止　高層階、相続税の評価額上げ」です。

　タワーマンションの固定資産税評価額は、低層階も高層階も床面積が変わらなければ、同じ評価額がつきます。このことを利用して、時価との乖離が著しいタワーマンションの高層階が、相続税の節税を意識した資産家に人気です。ただし、この節税策はお金に余裕のある資産家しか使えないため、規制すべきとの声も出ていました。

　そこで、一律的な評価の見直しを総務省と国税庁が協議し、早ければ平成 30 年 1 月から新たな評価方法が導入されるとのことです。

　これに限らず、ここ数年は資産家への課税強化の流れが顕著です。特に資産家が国外に保有する財産の把握については、マイナンバー制度の対象外であることもあり、把握のための制度づくりに余念がありません。

・国外財産調書制度（平成 26 年 1 月～）
→年末に 5,000 万円超の国外財産を有する一定の資産家は、国外財産の明細を提出しなければならない。
・出国税（平成 27 年 7 月～）
→時価 1 億円以上の有価証券を保有し、海外に移住する場合、保有する有価証券を売却したとみなして所得税を課税する。
・金融口座に関する自動的情報交換（平成 29 年分の情報から交換予定）
→各国の税務当局が非居住者の金融口座情報を自動的に交換し合う制度。

　これらの改正の流れから見えてくることは、国は資産家の課税逃れは許さない、あるいは資産家に偏った節税策には規制をかける、ということでしょう。このように資産家を取り巻く課税の状況は常に変化します。過去に打った対策が陳腐化し、すでに意味をなしていないことも往々にしてあります。金融パーソンには、いつも最新情報のアンテナを張っておくことが求められます。

第III章

提案発想のツボ

1 役員退職金

【想定顧客】
・実業家の資産家
・土地持ちの資産家（不動産所有法人を設立したケース）
【想定される場面】
・オーナー経営者が役員を退任し、役員退職金を支給する
　ケース
【想定されるニーズ】
・役員退職金支給資金の融資ニーズ
【役員退職金支給の効果】
・オーナー経営者の所得税節税効果
・法人税の節税効果
・自社株式の株価引下げ効果

　オーナー経営者が役員を退任する場合、しばしば多額の役員退職
金が会社から支払われます。この理由として、もちろん役員に対す
る福利厚生の一環という側面がありますが、それだけではありませ
ん。
　役員退職金の支給には、税務メリットと事業承継の場面でのメ
リットが見込めるのです。そして役員退職金の支給額が大きいほど
メリットも大きくなるため、ここに融資ニーズが生まれます。

役員退職金支給による税務メリット

　まず、役員退職金を支給すると会社側で節税効果が得られます。これは税務上の適正額を支給する限りは、支給額の全額が会社の損金として認められるからです（税務上の適正額は後述）。

　また、役員退職金が損金として認められるタイミングは、株主総会等で支給額が具体的に決まったときですが、非上場会社では株主総会等の実施時期はオーナー経営者の判断で決められます。

　したがって、所得が大きい事業年度を選択して役員退職金を支給することで、より大きな節税効果を得ることができるのです。

　次に、オーナー経営者にとっては役員報酬や配当金で支給されるよりも、役員退職金で支給されたほうが所得税・住民税の負担が軽減されます。これは退職所得の計算は給与所得等とは別枠での計算となるためです。具体的な計算式は次のとおりです。

計×算＝式　退職所得の金額

$$（退職金収入金額－退職所得控除額）\times\frac{1}{2}$$

［参考］給与所得の金額＝給与収入金額－給与所得控除額

　ポイントは所得控除額を差し引いた後に2分の1するという点です。給与所得の計算と比較するとわかり易いでしょう。このように退職金が税務上優遇される理由は、一般的には老後の生活資金としての性格があるためです。

役員退職金と事業承継のよい関係

　役員退職金はオーナー経営者の事業承継対策としても重要な役割

を果たします。オーナー経営者が役員を退任することは「社長の地位を後継者に引き継ぐ」という点でまさに事業承継です。

　ただし、これだけでは不十分です。なぜなら株式も後継者に移転して、初めて事業承継は完了したといえるからです。ここで、オーナー経営者の退任に合わせて役員退職金を支給すれば後継者への株式の移転をスムーズに行うことができます。というのも、後継者への株式の移転が進まない理由として、株価が高額であることが多いですが、役員退職金を支給することで株価が大きく下がる可能性があるためです。実際に数字で見てみましょう〔図表Ⅲ－1〕。

〔図表Ⅲ－1〕株価（類似業種比準価額）が下がるイメージ

例：役員退職金の支給により利益がゼロとなったケース

【支給前】

$$500円 \times \frac{2 + 10 \times 3 + 8}{5} \times 0.7 = 2,800円$$

【支給後】

$$500円 \times \frac{2 + 0 \times 3 + 8}{5} \times 0.7 = 700円$$

　このように図表Ⅲ－1の例では役員退職金を支給した場合に株価は4分の1に下がりました。業績のよい会社では株価はすぐに高い水準に戻ります。役員退職金の支給により株価が下落したタイミングを逃さずに後継者に株式を移転することが大切です。

役員退職金の支給額はいくらに？

　ここまでの説明で、役員退職金の支給により株価が下がり、後継者へ株式を低コストで移転するチャンスが生まれることは理解できたと思います。

　では、実際に役員退職金の支給額はどのように決定するのでしょうか。ポイントは「税務上、適正とされる支給額」ですが、実は税

法には適正な支給額の計算方法が明示されていません。

　そこで実務上は過去の判例等を参考に功績倍率方式により税務上適正とされる役員退職金の支給額を計算することが多いのです。具体的な計算式は次のとおりです。

計×算＝式　役員退職金の支給額

最終月額報酬×役員在任期間×功績倍率（1～3倍）

　仮に役員退任時の報酬が月額200万円、創業時から40年間代表取締役であり、妥当な功績倍率が3倍だとすれば役員退職金の支給額は2.4億円（200万円×40年×3倍）となります。

退任せずとも支給！？

　では役員退職金を役員在任中に支給するとどうでしょうか。支給が役員退職金という名目であっても、引き続き役員でいるわけですから、税務上は役員賞与とみなされ損金計上はできません。

　ただし、例外があります。それは役員を退任したと同視できるだけの事由が生じた場合です。具体的には次のようなケースです。

Point　在任中の役員退職金支給が損金として認められるケース

・常勤取締役が非常勤取締役になったケース
・地位の変更にともない役員報酬が半分以下になったケース
・取締役が監査役になったケース

このような場合には、実質的に役員を退任したものと同視して役員退職金の支給額が損金として認められます。ただし、引き続き積極的に経営に関与している場合や、会計上で未払処理をしたのみで現実には支払っていない場合には損金として認められないため留意が必要です。

2 金庫株

【想定顧客】
・実業家の資産家
【想定される場面】
・相続税の納税資金対策
・非上場株式の現金化手段
【想定されるニーズ】
・金庫株買取資金の融資ニーズ
【金庫株取得の効果】
・少ない税負担で相続税の納税資金確保や非上場株式の現金化が可能

　金庫株とは株式の発行会社が、自ら株主より株式を買い戻すことです。買い戻した株式は正式には「自己株式」と呼びますが、株式を会社の金庫にしまっておくイメージから、一般的に「金庫株」と呼ばれます。
　この金庫株ですが、株式を売却する株主にとって、通常は税負担が重く、現金化の手段として得策ではありません。ただし、税負担が軽減されるタイミングがあります。このタイミングを逃さなければ、金庫株は非上場株式を現金化する有効な手段となり、ここに金庫株を買取るための融資ニーズが生まれます。

金庫株は配当 !?

　金庫株は株式の譲渡です。買主が株式の発行会社という特徴があるだけです。このように金庫株は株式の譲渡であるから、株式売却益に一律20％の課税で完結すると思われるかもしれません。

　しかし、実際の税務は全く異なる考え方をしています。実は、税務上、金庫株に関しては、株式譲渡代金の大部分を配当と考えるのです。これを、実際の配当ではないため「みなし配当」といいます。

　このように配当とみなされた金額は、配当所得として給与所得等と合算して総合課税の対象となります。よって、最大で55％の税率（住民税含む、配当控除前）が適用される可能性があります〔**図表III－2**〕。

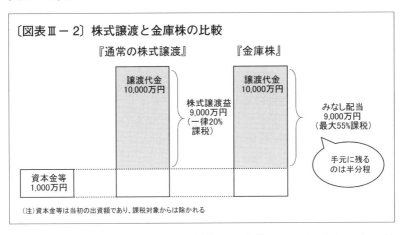

〔図表III－2〕株式譲渡と金庫株の比較

『通常の株式譲渡』

譲渡代金
10,000万円

株式譲渡益
9,000万円
（一律20％
課税）

資本金等
1,000万円

『金庫株』

譲渡代金
10,000万円

みなし配当
9,000万円
（最大55％課税）

手元に残る
のは半分程

（注）資本金等は当初の出資額であり、課税対象からは除かれる

　これではまとまった金額を金庫株で現金化しようと考えても、納税を行えば手元に残るのは株式譲渡代金のおよそ半分となるわけですから、金庫株は現金化の手段として得策ではありません。

相続後の買取が有利

　このように通常は税負担の重い金庫株ですが、実は税負担の軽減されるタイミングがあります。

それは、相続で取得した株式を、相続開始後３年10ヶ月以内に金庫株とする場合です。この期間内に所定の手続きを経て金庫株とする場合、「みなし配当の特例」として、通常の株式譲渡と同様に一律20％の課税で完結するのです〔**図表Ⅲ－3**〕。

　これは、非上場株式については換金手段が限られており、相続税の納税資金確保に苦慮するケースも多いため、相続取得した株式に限り、期間限定で国が認めた特例です。

　さらに同じタイミングで使える特例として「取得費加算の特例」があります。

　これは相続税の一部を、株式譲渡に際して譲渡経費に計上できるという特例です。通常、相続税を譲渡経費に含めることはできませんが、相続で取得した株式を、相続開始後３年10ヶ月以内に譲渡する場合に限り、相続税の一部を譲渡経費に含めることができます。

　これら２つの特例は併用して使うことも可能です。さらに、譲渡代金の使途は必ずしも納税資金に限定されているわけではありません。したがって、納税資金は不足していなくとも、税負担の有利なうちに現金化しておくのも１つの判断でしょう。いずれにしても、相続開始後３年10ヶ月以内は相続取得した非上場株式を現金化するまたとないチャンスです。

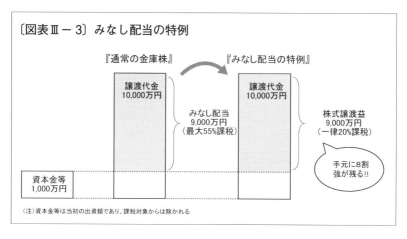

〔**図表Ⅲ－3**〕 みなし配当の特例

『通常の金庫株』　　　　　『みなし配当の特例』

譲渡代金
10,000万円

譲渡代金
10,000万円

みなし配当
9,000万円
（最大55％課税）

株式譲渡益
9,000万円
（一律20％課税）

資本金等
1,000万円

手元に8割強が残る!!

（注）資本金等は当初の出資額であり、課税対象からは除かれる

実行前に確認すべきこと

　このように適切な時期を逃さなければ、非上場株式を現金化する有効な手段となる金庫株ですが、実行前に次の事項の確認が必要です。

> **Point**
>
> # 金庫株の実効前に確認すべき事項
>
> ・会社法の財源規制
> ・株式の譲渡価額

　まず、会社法の財源規制があるため、金庫株は無制限に行えるわけではありません。債権者を保護するために分配可能額（多くの会社は利益剰余金の金額）の範囲内でしか金庫株の取得はできません。

　また、株式の譲渡価額にも留意が必要です。個人と法人の取引には、相続税評価額ではなく、所得税法上の時価（＝法人税法上の時価）を用いるのが一般的な実務です。

　したがって、所得税法上の時価と比較して著しく低い相続税評価額に基づき金庫株とした場合、思いもよらない課税リスクが生じることには留意が必要でしょう（P77「法人に相続税評価額で譲渡」を参照）。

3 MBO

　MBO とは Management Buy Out の略で、経営陣による会社買収のことをいいます（従業員が買収する場合は EBO：Employee Buy Out）。買収と聞くと、どうしても敵対的なイメージがありますが、事業承継で活用する MBO は、親族内の後継者や親族外の役員が、先代経営者と友好的に行います。

　この MBO は後継者の株式取得資金の問題を解決する手段として有効ですが、実行するためには金融機関からの融資が欠かせません。

MBO の仕組み

　MBO は概ね次のような流れで株式の移転を行います〔**図表Ⅲ－4**〕。

　①　後継者が出資する法人（持株会社）を設立する
　　　↓
　②　持株会社が事業会社の株式買取資金を金融機関から調達する
　　　↓
　③　持株会社は先代経営者から事業会社の株式を取得する

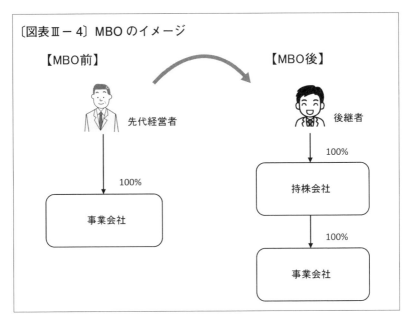

〔図表III-4〕MBO のイメージ

【MBO前】　　　　　　　　　　　　【MBO後】

先代経営者　　　　　　　　　　　　後継者

100%

事業会社

100%

持株会社

100%

事業会社

　なお、MBO では金融機関からの借入れが発生するため、返済を行っていく必要があります。この場合の返済原資は事業会社からの配当です。事業会社が持株会社の 100％子会社となれば、配当に対して法人税の課税は生じません。

　したがって、事業会社のキャッシュフローを効率的に借入金の返済にまわせるのです。

MBO のメリット

　MBO を活用して事業承継を行う主なメリットを挙げると次のとおりです。

MBO のメリット

a. 後継者は法人設立時の出資額を除いて、個人で資金を拠出することなく、先代経営者より実質的な株式の取得が可能
b. 先代経営者は流通性のない非上場株式を現金化できる
c. 贈与とは異なり、時価で株式を譲渡する限り遺留分の問題が生じない
d. 法人での借入れは支払利息の経費算入が可能

　まず a ですが、これが MBO の一番のメリットではないでしょうか。特に親族外の後継者は資金的余裕がないケースが多いため、株式の買取資金を個人で拠出する必要のない MBO は、後継者にとって非常に魅力的な手段です。

　加えて先代経営者にとっても株式の譲渡であれば、株式売却益に対する 20％課税で済み、適正な時価で譲渡すれば遺留分の問題も生じません。最後は細かいことですが、個人借入れの支払利息は経費算入の余地がないのに対して、法人借入れの支払利息は当然に経費算入となります。

MBO 後の対策もお忘れなく

　なお、先代経営者は事業会社の株式を売却することで、実業家の資産家からキャッシュリッチの資産家へと変わります。このことは株式売却により得た多額の現金への対策ニーズが新たに生まれるということです。このニーズに対しても金融パーソンは適切に対応していくことが求められます。

4 不動産所有法人

【想定顧客】
・土地持ちの資産家
【想定される場面】
・個人の不動産所得が多額で税負担が重いケース
【想定されるニーズ】
・賃貸不動産買取資金の法人への融資ニーズ
【不動産所有法人設立の効果】
・所得税の負担軽減と将来の相続税対策

　賃貸不動産を多く所有する資産家の悩みはやはり毎年支払う税金です。他人からは羨ましく見られがちですが、所得税と住民税を支払い、借入金の返済まで済ませると、案外手元に残る現金は少額といったケースも珍しくありません。

　このような資産家の悩みを解決する手段として資産家の所有する賃貸不動産をファミリーが設立した法人へ売却することがあります。ここに賃貸不動産を買取るための融資ニーズが生まれるのです。

法人を活用した節税の勘所

　法人を活用するとなぜ節税が可能なのでしょうか。ポイントは次の2点です。

Point

法人活用のメリット

・所得の多い個人の税率よりも法人の税率は低い
・親族を法人の役員にすることで所得の分散が容易

まず、税率ですが平成28・29年度の法人の実効税率は29.97％（平成30年度は29.74％）です。一方、個人の所得税は所得金額に応じて5％〜45％の超過累進税率を採用しています。個人ではこれに10％の住民税が上乗せされるイメージです。

　このような違いがあるため、個人の税率は所得が900万円を超えると33％から43％（住民税含む）となり、法人の実効税率を大きく上回ります。

　すなわち、所得900万円を境として、所得が大きくなればなるほど法人で所得を計上するほうが有利との結論です。税率が低いと当然手元に残る現金も多くなり、借入金の返済にも余裕が持てます。

　また、所得の分散も同時に行うことが節税のポイントです。個人の不動産所得を法人に移したとしても、移した所得を1人で役員報酬として受領すれば、所得区分が不動産所得から給与所得に変わるだけで、あまり節税にはなりません。

　そこで、親族を法人の役員にします。複数の親族に所得を分散することで、当然、各人に適用される所得税の税率は下がりますから、親族全員で見れば大きな節税効果が期待できます。このことは、1人に集中する資産を親族に分配することを意味しますから、長期的に個人資産の増加が抑えられる点で、相続税対策にもつながります。

不動産管理会社にも3種類

　このように法人を活用した節税の勘所を説明してきましたが、「ではどのような形で個人の不動産所得を法人に移転するのか」という問題が生じます。

　ここで不動産所得の移転に活用する法人を一般的に不動産管理会社といいますが、不動産管理会社も概ね次の3種類に分類できます。

a. 管理型

　管理型は個人オーナーが所有する賃貸不動産について、部屋ごとに不動産管理会社が管理を受託する方式です〔**図表Ⅲ－5**〕。

　空室リスクは個人オーナーが負うため、管理料は賃料の5％程度が多いようです。

〔図表Ⅲ－5〕不動産管理会社（管理型）

b. 転貸型

　転貸型は個人オーナーが所有する賃貸不動産を、不動産管理会社が1棟単位で一括して借り上げる方式です〔**図表Ⅲ－6**〕。

　空室リスクを不動産管理会社が負うため、転貸賃料総額の90％程度で個人オーナーから借り上げることが多いようです。

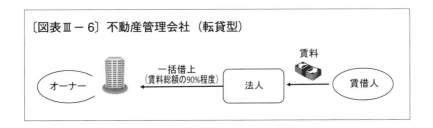

〔図表Ⅲ－6〕不動産管理会社（転貸型）

<u>c. 所有型</u>

　不動産管理会社は賃貸不動産を自ら所有するため、賃貸不動産から生じる所得は全て不動産管理会社に帰属します〔**図表Ⅲ－7**〕。

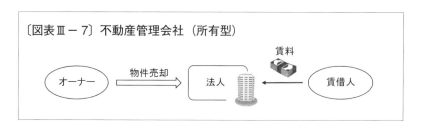

〔図表Ⅲ－7〕不動産管理会社（所有型）

オススメは不動産所有法人

　では3種類の不動産管理会社のうち、いずれによるべきか、ですがズバリ所有型（以下、「不動産所有法人」）です。

　なぜなら所得に対する節税メリットをより享受するためには、より法人に所得が移転する形式が望ましいからです。この点、管理型では賃料の5％程度、転貸型でも10％程度しか所得の移転は見込めません。

　一方、不動産所有法人では自ら賃貸不動産を所有するため、賃貸不動産から生じる所得は100％法人に移転します。

　よって、所得税・住民税の節税という観点では不動産所有法人を第一に検討すべきです。

　ただし、実際に賃貸不動産を移転するにはコスト（例えば不動産取得税や登録免許税）が生じます。したがって、事前に専門家を交えて、メリットと追加コストの比較を行ったうえで、移転を行うプロセスが欠かせません。

不動産売却後の対策もお忘れなく

　不動産所有法人を活用する場合、資産家は土地持ちからキャッシュリッチに変わります。この点は、MBO で株式を売却した実業家の資産家と同様です。

　よって、賃貸不動産売却による資金に対する対策の提案も事前に検討しておきましょう。

5 グループ法人税制

【想定顧客】
・実業家の資産家
【想定される場面】
・含み益のある不動産の移転を検討しているケース
【想定されるニーズ】
・買主法人へ不動産購入資金の融資ニーズ
【グループ法人税制の効果】
・含み益に課税されることなく不動産の移転が可能
・不動産の移転にともない株価が下がることも

　グループ法人税制と聞いても多くの人はピンと来ないのではないでしょうか。

　当然だと思います。なぜなら、当該制度は平成 22 年度から新たに導入された、法人税の制度だからです。

　ざっくりとしたイメージは、100％子会社や 100％兄弟会社はたまたま法人化しているだけで、本社と支店の関係と変わらないと考えます。このため、100％グループ間での資産の移転に関しては、本支店間の資産の移転と同視して損益は認識しない、というわけです。

このことはグループ内での不動産移転による安易な損出しを規制する側面もありますが、多額の含み益をかかえた不動産をグループ内で移転しやすくする側面も有しています。このメリットをうまく活用することで不動産移転にともなう融資ニーズが生まれるのです。

グループ法人税制の対象となる取引とは

グループ法人税制を理解するには、まず、どのような法人が対象となるか理解することから始める必要があります。典型例が次のようなグループ関係です。

a. 親子の関係

この場合、親会社から100％子会社への取引、100％子会社から親会社への取引がグループ法人税制の対象となります〔**図表Ⅲ－8**〕。

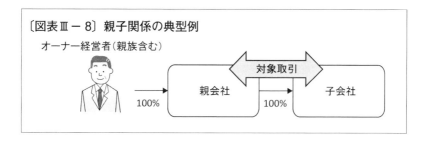

〔図表Ⅲ－8〕親子関係の典型例
オーナー経営者（親族含む）
対象取引
親会社　　　　　子会社
100％　　　100％

b. 兄弟の関係

　この場合、兄弟会社間の取引がグループ法人税制の対象となります。もちろん親子間の取引もグループ法人税制の対象です〔**図表Ⅲ－9**〕。

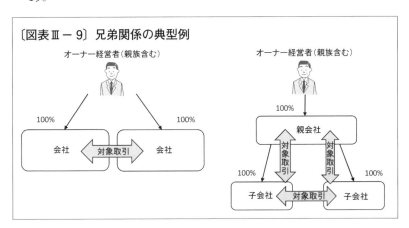

〔図表Ⅲ－9〕兄弟関係の典型例

　次に具体的にどのような取引が対象となるかですが、例えば、資産の譲渡や寄付、受取配当金、金庫株等について規制があります。このなかで重要なのは資産の譲渡、特に不動産の譲渡です。ただし、少額の取引は規制対象から除かれているため、取引の直前に帳簿価額が1,000万円以上の不動産がグループ法人税制の対象となる取引です。

　なお、グループ法人税制は適用を任意に選べません。すなわち、要件に該当すると強制的に適用される点には留意が必要です。

譲渡損益の繰延べのイメージ

　事業承継を検討する老舗企業のなかには、何十年も前に取得したために多額の含み益をかかえた不動産（特に土地）を有していることが珍しくありません。このように多額の含み益をかかえた不動産を他のグループ会社に移転し有効に活用することを検討したとして

も、従来は法人税の課税負担が重いために躊躇するケースが多くありました。

しかし、平成22年度以降はグループ法人税制を活用することで、不動産の含み益に課税されることなく、別法人への移転が可能となりました。具体的な売却益の繰り延べは〔**図表Ⅲ－10**〕のようなイメージです。

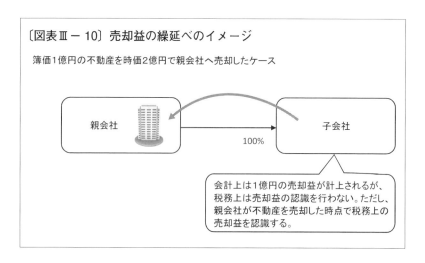

〔図表Ⅲ－10〕売却益の繰延べのイメージ

簿価1億円の不動産を時価2億円で親会社へ売却したケース

親会社 | 100% | 子会社

会計上は1億円の売却益が計上されるが、税務上は売却益の認識を行わない。ただし、親会社が不動産を売却した時点で税務上の売却益を認識する。

株価への影響

株価への影響は一概にはいえませんが、オーナー経営者としては気になるところでしょう。例えば、不動産を親会社に集約することで、会社規模が変わり、結果として株価が下がるケースが考えられます。

また、親会社が株式保有特定会社である場合には、不動産を親会社に集約した結果、類似業種比準価額が使えるようになり、株価が下がるケースもあります。逆に、土地を集約しすぎると、土地保有特定会社に該当し、株価が上昇するかもしれません。

なお、当然ですが、株価の引下げのみを目的とした不動産の移転

は、税務上は認められません。あくまで株価への影響は、何かしら経営上の合理的な判断があったうえでの結果にすぎないのです。

6 分散株の整理

【想定顧客】
・実業家の資産家
【想定される場面】
・分散株を後継者出資法人で買い取るケース
・分散株を株式発行法人が金庫株として買い取るケース
【想定されるニーズ】
・分散株の買取資金の融資ニーズ
【分散株整理の効果】
・後継者の安定的な経営の実現
・経営に関与しない株主に非上場株式を現金化する機会を与える

　株式は後継者に集中することがセオリーですが、しばしば経営に関与しない親族等に分散していることがあります。このような分散化のリスクは前述（P84 参照）のとおりです。したがって、多少のコストがかかったとしても、先代経営者が健在で、既存株主との友好的な交渉が可能なうちに分散株の整理を検討すべきです。

　このような分散株の集約は譲渡で行うケースが多いため、分散株式を買い取るための融資ニーズが生まれます。

強制的に整理はできないのか？

　一旦分散した株式を集約するには個別に株主と交渉しなければなりません。複数の株主に分散している場合、この交渉はいかに困難か想像に難くありません。そこで既存株主より強制的に株式を取得

する方法はないのでしょうか。これについては、例えば会社法の次の制度の活用が考えられます。

・「株式併合」の活用
→株式併合とは数個の株式を合わせて、より少数の株式とする制度です（例えば10株を1株とする）。
・「全部取得条項付種類株式」の活用
→当該種類株式を有する株主は、取得に関する株主総会の特別決議があった場合、会社に株式を譲り渡さなければなりません。
・「単元株」の活用
→単元株とは株主総会で議決権行使可能な株式の単位です（例えば100株を1単元とすれば、100株単位で1つの議決権を有する。100株未満の株式は単元未満株という）

　具体的な活用方法として「株式併合」では、分散株を有する株主について、1株未満となるような調整を行い、端株として現金で精算します。「全部取得条項付種類株式」も実際の活用では法務的にテクニカルな手続きを要しますが、対価の調整を行い、分散株を有する株主については現金で精算する点では株式併合と同様です。
　最後に「単元株」では、やはり意図的に分散株を有する株主について、単元未満株となるような調整を行い、実質的に株主からの排除を行います。
　このように会社法には種々の制度が用意されていますが、その活用は次の2点より困難なケースが多いのが実態です。

> **Point**　**種類株式の活用における留意点**
>
> ・株主総会の特別決議が必要
> ・反対株主には株式買取請求権が生じる

　まず、株主総会の特別決議が要求されるため株式の３分の１超が分散している場合には可決が困難となります。

　また、当該株主総会で反対の意思を示した株主には株式の買取を会社に請求できる権利が生じます。

　この買取価額は強制的に株主の地位を排除しようとした経緯からして、もめるケースが大半です。このような事態になれば時間もコストも個別交渉の比ではなくなります。

　だからこそ、分散株を保有する株主と友好的に交渉し、地道に株式を集約する必要があるのです。

分散株整理の典型例

　では、個別交渉にて分散株を集約する方法として、どのような方法が考えられるでしょうか。ここでは２つの典型例を紹介します。

a. 後継者出資法人での買取

　先代経営者からMBOにて株式を買取るタイミングで、分散株についても買取を行います〔図表III－11〕。

　通常は現金化しにくい非上場株式ですが、MBOというタイミン

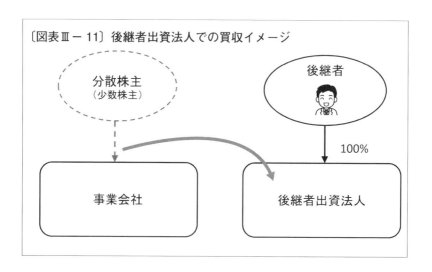

〔図表Ⅲ－11〕後継者出資法人での買収イメージ

分散株主
（少数株主）

後継者

100%

事業会社

後継者出資法人

グであれば、分散株を保有する株主の理解を得やすいでしょう。

b. 株式発行法人が金庫株として買取

　株式発行法人が取得した株式については議決権がありません。したがって、分散株を保有する株主から株式発行法人が金庫株として買い取ることで、後継者の議決権比率は高まります〔**図表Ⅲ－12**〕。

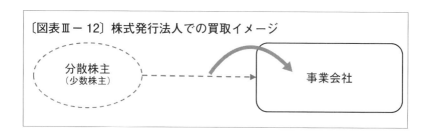

〔図表Ⅲ－12〕株式発行法人での買取イメージ

分散株主
（少数株主）

事業会社

安易な分散はしない

　このように分散株の集約は容易ではありません。顧客に対しては、安易な分散はくれぐれも行わないように事前のアドバイスが重要です。

　そのうえで分散せざるを得ないケースもありますが、その場合でも無議決権株式や取得条項付株式等をうまく活用し、後継者の経営権を安定化させる配慮が求められるでしょう。

1 非課税枠の活用

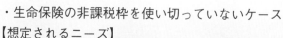

【想定顧客】
・全ての資産家
【想定される場面】
・生命保険の非課税枠を使い切っていないケース
【想定されるニーズ】
・生命保険の契約ニーズ
【生命保険の非課税枠活用の効果】
・相続税の節税効果
・相続税の納税資金準備

　生命保険は、万一のときに家族の生活保障を考慮して入ることが多いでしょう。ただし、生命保険の活用はこれにとどまりません。より上手に活用することで、相続税対策や資産を次の代に円滑に承継するための手段となります。このような観点からも生命保険の契約ニーズは生まれるのです。

うっかり課税されないために

　今回のポイントは生命保険の非課税枠をうまく使い、相続税の節税を行うことにあります。したがって、生命保険契約は、被保険者の死亡にともない相続税が課税されるタイプの契約でなければなりません。この点、契約によっては所得税、あるいは贈与税の課税が生じるため留意が必要です。生命保険の契約内容と課税関係を整理すると**図表Ⅲ－13**のとおりです。

〔図表III－13〕生命保険の契約内容と課税関係

保険の契約者 （保険料の負担者）	被保険者	保険金受取人	税金の種類
夫 （被相続人）	夫 （被相続人）	妻	相続税
妻	夫 （被相続人）	妻	所得税
妻	夫 （被相続人）	子	贈与税

　このように、「契約者＝被保険者」という生命保険に加入することで、死亡保険金はみなし相続財産として相続税の課税対象となるのです。なお、税務上の契約者は実際に保険料を負担した者です。

　例えば、契約者・被保険者を夫、保険金受取人を子としていても、実際の保険料の支払者が妻であれば、相続税ではなく贈与税の課税となります。贈与税の課税では非課税枠の制度はありませんし、相続税の税率よりも高くなるため、不利です。うっかり贈与税の課税がされないよう顧客への説明は慎重に行いましょう。

非課税枠を理解する

　生命保険の非課税枠の計算は簡単です。

計×算＝式　生命保険の非課税枠

500万円×法定相続人の人数

この場合の法定相続人の数は、相続放棄した相続人を含みます。ただし、相続放棄した相続人は、自身では非課税枠を使うことはできません。あくまで相続放棄をしていない相続人のみが非課税枠を使えるのです。

まだある生命保険のメリット

　法定相続人が３人（妻と子２人）の典型的なケースでは、生命保険の非課税枠を活用することで、1,500万円（500万円×３人）を無税で相続人に残すことができます。このような相続税の節税に加えて、生命保険には、次のメリットもあります。

Point

生命保険のメリット

・法定相続人以外の者を保険金受取人に指定すれば遺言の代わりとなる
・死亡保険金は被相続人の財産ではないため、遺産分割協議が不要である
・死亡保険金は保険金受取人の財産であるため、相続放棄した相続人も受取りが可能である
・被相続人の預金口座は凍結されるが、死亡保険金は請求して１週間程度で受取りが可能である

　このように様々なメリットがあるため、相続対策の手段として生命保険は欠かせないものとなっています。

② 納税資金対策

【想定顧客】
・全ての資産家
【想定される場面】
・相続税の納税資金を確実に準備したいケース
【想定されるニーズ】
・納税資金を準備するために生命保険を活用するニーズ
【生命保険活用の効果】
・現預金よりも確実に納税資金の準備が可能

　例えば親から子へ、相続税相当の金銭贈与を検討することがあります。しかし、親としては贈与した現金を相続時までに子が使ってしまわないか心配です。そこで生命保険を活用すれば、相続時までに子が使う心配は不要となり、納税資金対策を確実に行えます。

暦年贈与をうまく活用

　子が、親からの相続に備えて、事前に納税資金を準備していることは多くありません。そこで、親は相続税対策を兼ねて非課税枠を活用した生命保険に加入します。

　しかし、非課税枠を使いきってもまだ子の納税資金は足りません。親には十分な現金がありますが、このままでは相続税の対象となります。

　そこで、子どもたちに毎年110万円の現金贈与を行い、納税資金の準備に備えようと考えますが、一抹の不安がよぎります。「はたして贈与した現金は相続時まで使われずに残っているのか」このような不安も生命保険を活用することで解消できます。

具体的には子が自らを契約者・保険金受取人、親を被保険者とする生命保険に加入します。

　そして、毎年の保険料相当額の現金を親から子へ贈与するのです。贈与された現金を保険料の支払いにあてる必要があるため、子の現金の使途を制限することができます。

　そのうえで、万一の時に子は死亡保険金を受け取ることができるため、確実に相続税の納税資金を準備できるというわけです。

　なお、この場合の課税関係を整理すると次のようになります。

Point 現金贈与と死亡保険金の課税関係

- ・毎年の現金贈与　→　年間110万円の範囲内であれば子に贈与税はかかりません。親の現金が減るため相続税対策にもなります。
- ・死亡保険金　→　子の一時所得として、所得税の対象となります。

一時所得は課税上優遇

　この方法は納税資金を確実に残せるうえに税務上のメリットもあります。毎年の暦年贈与が相続税対策になることはもちろんですが、ポイントは死亡保険金が一時所得となる点です。

　ここで死亡保険金について一時所得の計算式を示すと次のようになります。

計×算=式　一時所得（死亡保険金）

死亡保険金の金額－支払った保険料－50万円

　一時所得は給与所得等と合算のうえ総合課税の対象となりますが、合算する際には一時所得の金額の2分の1を合算することとされています。一時所得は偶然性の強い所得ですから、税務上優遇されているのです。

実務上の留意点

　このように、うまく生命保険を活用することで納税資金を有利に準備できるのですが、実務上はいくつかの留意点があります。

　まず、今回の方法のポイントは死亡保険金が子の一時所得となる点にあり、保険料相当額の現金贈与が親子間で有効に成立していることが大前提です。

　したがって、贈与契約書を毎年作成し、親の口座から子が日常使っている口座へ振込を行い、贈与の履歴をしっかりと残しましょう。

　また、年間110万円を超える贈与を行った場合には、子は贈与税の申告が必要です。

　さらに、贈与により子の財産となった現金を原資に、子が契約者として生命保険に加入するため、生命保険料控除は親でとらないように留意しましょう。

3 争族対策

【想定顧客】
・全ての資産家
【想定される場面】
・特定の親族に確実に現預金を相続させたいケース
・相続財産が自社株や不動産など分割しにくい財産が大半である
　ケース
【想定されるニーズ】
・遺言の代わりに生命保険を活用するニーズ
・代償金の資金として生命保険を活用するニーズ
【生命保険活用の効果】
・特定の親族に確実に現預金を渡せるため、遺言と同様の効果
・円満相続のための代償金確保が可能

　争族対策のために、まず検討したいのは遺言です。しかし、自筆
証書遺言は紛失リスクがありますし、公正証書遺言は費用面や保証
人を用意する必要があることから、遺言の作成を躊躇するケースも
あります。そのような場合も生命保険の活用により争族対策を行え
ることがあります。

遺言よりも手軽に生命保険

　例えば、特定の親族に現預金を確実に渡したいケースです。この
場合、契約者・被保険者を被相続人、保険金受取人を親族とする生
命保険に加入します。このような内容の生命保険であれば、保険金
受取人に指定された親族は自身の財産として死亡保険金を取得でき
ます。死亡保険金は相続税の対象とはなりますが、遺言で現預金を
貰った場合と同様の結果です。

　さらに死亡保険金は、相続人固有の財産として遺留分の計算に含められず、また「特別受益」にも該当しないとされています。もちろん相続人間で著しく不公平が生じる例外的なケースでは「特別受益」とみなされることもありますが、常識的な範囲であれば遺留分対策としても生命保険は有効でしょう。

生命保険で代償金準備

　相続財産が分割しやすい財産（現預金や上場株式）であれば問題ないのですが、相続財産の大半が１つの土地というケースがあります。このようなケースで相続人が複数いればどのように遺産分割を行えばよいでしょうか。相続人に土地へのこだわりがなければ売却して代金を分けるのでしょうが、例えば相続人の１人がその土地で事業を営んでいるとやっかいです。

　事業を行う相続人としては土地の共有を避けて、単独で取得したいはずです。しかし、他の相続人に渡す相続財産はあまりありません。

　この場合、遺産分割を代償分割で行うことが１つの解決策です。代償分割とは、相続人が相続財産を取得した代わりに、他の相続人に自分の財産から金銭を支払うという遺産分割の方法です。

　つまり、先ほどのケースでは、事業で使用している土地を相続する代わりに、他の相続人にはある程度の金銭を支払って納得してもらいます。このように代償分割は相続財産が分割しにくいケースで有効な解決手段となり得ますが、問題は他の相続人に支払う金銭（代償金という）を用意する必要があることです。

　そこで生命保険を有効に活用して代償金の準備を行う方法を２つ紹介します。前提として被相続人は母、相続人は長男と長女、長男が主な相続財産である土地を取得するとします。

a. 契約者・被保険者を母、保険金受取人を長男とする生命保険に加入する方法（死亡保険金には相続税が課税）
b. 契約者・保険金受取人を長男、被保険者を母とする生命保険に加入する方法（死亡保険金には所得税が課税）

aのポイントは保険金受取人を長女にしないことです。保険金受取人を長女にすると死亡保険金は直接長女の固有財産となり、遺留分の計算にも含まれません、このため、土地の遺産分割協議に際してもめた場合、解決策としての代償金の原資が長男の手元には残らないからです。

ただし、相続財産の大半は土地ですので、そもそも母は生命保険料の支払いが難しい、といったことが十分に考えられます。

そのような場合には、保険料を長男が支払うbを検討します。死亡保険金は所得税の対象とはなりますが、一時所得として2分の1課税であるため、税務上は有利に代償金の準備が可能です。

なお、いずれの方法で代償金を準備したとしても、代償分割は遺産分割の1つの方法ですから、代償金の金額を明記した遺産分割協議書を作成することを失念してはなりません。

4 役員退職金

【想定顧客】
・実業家の資産家
・土地持ちの資産家（不動産所有法人を設立したケース）
【想定される場面】
・役員退職金規定に基づき、将来の支給が想定されるケース
【想定されるニーズ】
・役員退職金支給の原資として生命保険を活用するニーズ
【生命保険活用の効果】
・簿外資産として役員退職金の原資確保が可能
・支払保険料の損金算入による法人税の節税効果

　役員退職金のメリットは、すでにご承知のとおりです。しかしながら、役員退職金も原資がなければ支払うことができません。この場合、分割支給も考えられますが、法人側で一時の損金にできない可能性や、個人側で退職所得でなく年金とみなされ、雑所得として扱われる可能性があり、得策ではありません。

　そこで、生命保険を活用して役員退職金の原資を計画的に準備する方法があります。

預金として準備

　役員退職金の原資を預金として準備することも考えられます。しかし、預金は税引後のキャッシュフローを積立てたものですから、節税効果はありません。また、役員退職金相当額の引当金を積んだとして、税務上は損金として認められることはありません。

生命保険を活用した準備

　一方、生命保険を活用して役員退職金の原資を準備した場合はどうでしょうか。保険契約の内容にもよりますが、支払保険料の２分の１であったり、全額が損金として認められます。預金で原資を準備する場合とは異なり、生命保険を活用して原資を準備した場合には節税効果が見込めるというわけです。

　これに加えて保険でもあるわけですから、万一の死亡保障は当然に担保されています。また、支払った保険料は解約時まで完全に固定されるわけではなく、生命保険を担保に保険会社からお金を借りること（契約者貸付）も可能です。このようなメリットがある生命保険をうまく活用しない手はありません。

生命保険で失敗しないために

　ただし、生命保険をうまく活用するためにはいくつかのポイントを押さえておく必要があります。まずは、解約返戻金のピークを事前に把握しておくことです。ピークを過ぎると解約返戻金額が大幅に減ってしまう商品もあるためです〔**図表Ⅲ－14**〕。

　そして、生命保険解約時の解約返戻金は法人税の課税対象になる（保険積立金として資産計上されている金額は除く）ということの理解も欠かせません。

　この解約返戻金への課税は、役員退職金の支給見込時期と解約返戻金額のピークが重なるような生命保険に当初から加入することで、回避することが可能です。このように、目先の節税のみではなく、出口まで見据えたアドバイスを常に心がけましょう。

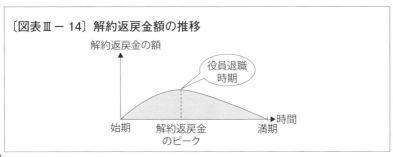

〔図表Ⅲ－14〕解約返戻金額の推移

1 オペレーティングリース

【想定顧客】
・実業家の資産家
【想定される場面】
・後継者への株式の移転を検討しているケース
【想定されるニーズ】
・損失計上のためオペレーティングリースの活用ニーズ
【オペレーティングリース活用の効果】
・損失計上にともなう株価引下げの効果
・法人税の節税効果

　後継者への株式の移転はなるべくコストを抑えて行いたいものです。そこで役員退職金の支給にともない株価が下落したタイミングで株式の移転を行うことが一般的です。

　しかし、すでに先代経営者に役員退職金を支給済、というケースもあります。そのようなケースでは何かしら損失を計上しないと株価は下がりませんが、オペレーティングリース事業に出資することで、計画的な損失計上が行えます。ここにオペレーティングリースの活用ニーズが生まれるのです。

日本型オペレーティングリースの仕組み

　日本型オペレーティングリースの対象となるリース物件は航空機や船舶など金額の大きな物件です。

このような物件をリースする場合、リース会社単独ではリスクが大きく容易ではありません。そこで、複数の投資家から出資を受け、さらに金融機関から多額の借入れを行ったうえでリース物件を取得し航空会社等に貸し出すのです。これを出資引受した投資家から見れば、少ない元手で大きな資産を保有していることと同様の効果を得られるということです（テコの原理に例えてレバレッジドリースとも呼ばれます）。

　ポイントは投資家からの出資の受け皿として匿名組合を利用する点です。匿名組合であるがゆえに、収益と費用は出資割合に応じて投資家に帰属することになります。

事業承継とオペレーティングリース

　先ほどオペレーティングリース事業による収益と費用は投資家に帰属すると述べましたが、リース期間に応じた収益と費用のイメージは**図表Ⅲ－15**のとおりです。

　受取リース料はリース期間を通じて一定であるのに対して、費用は初年度が最も大きく、徐々に減少します。費用が減少する理由は、航空機や船舶の減価償却方法が定率法であり、また、借入金の支払利子も、返済に応じて減少していくためです。

　このような収益と費用が出資割合に応じて投資家に帰属するため、リース期間に応じた投資家の損益は**図表Ⅲ－16**のようになります。すなわち、出資直後は大きな損失が計上されますが、リース期間を通じてみれば利益が損失を上回る結果となるのです。このためオペレーティングリースには利益を圧縮して法人税の課税を繰り延べる効果があります。

　さらに事業承継との関連でみれば、出資初年度では大幅な損失計上となることは確実ですから、計画的な株価対策としても活用が可能です。ただし、税務上は出資金額を超える損失計上を認めていない点に留意が必要です。

〔図表III－15〕収益と費用のイメージ

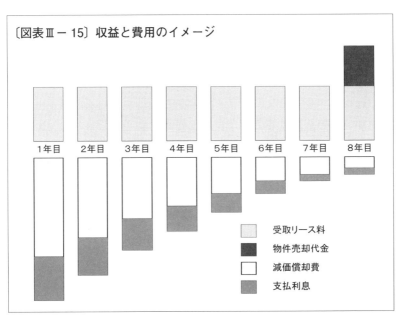

〔図表III－16〕投資家に帰属する損益推移のイメージ

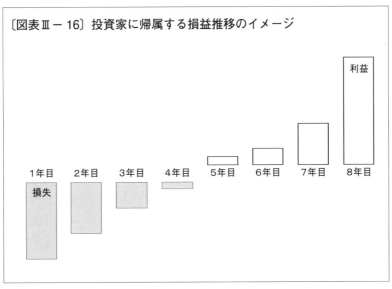

オペレーティングリースで失敗しないために

　オペレーティングリースではリース期間満了時にリース物件を売却するため、最終年度には多額の収益が計上されます。

　したがって、出口戦略も含めて事前の検討が必要となります。くれぐれもオペレーティングリースによる利益を新たなオペレーティングリースで相殺するような安易な提案は控えましょう。

　また、出資元本や収益が保証されていないことを顧客へ説明する必要があることはいうまでもありません。

② 信託（教育資金、結婚・子育て資金）

【想定顧客】
・全ての資産家
【想定される場面】
・祖父母が孫の教育資金や結婚資金の負担を考えているケース
【想定されるニーズ】
・教育資金贈与信託や結婚・子育て支援信託の活用ニーズ
【信託活用の効果】
・非課税扱いの贈与による相続税対策（教育資金贈与信託）

　祖父母が孫の教育資金や結婚資金を一括して贈与すると、従来は全て贈与税の対象とされていました。

　しかし、平成31年3月31日までの贈与という期限付きではありますが、要件を満たした教育資金や結婚資金の一括贈与が非課税となる制度が新たにできています。

　顧客からしても使い勝手のよい制度となっていますが、「教育資金」と「結婚・子育て資金」で若干取扱いが異なっています。まずはこの違いを理解しておくことが重要です。

教育資金や結婚・子育て資金を贈与したとき

　この制度を活用するためには信託銀行（あるいは銀行・証券会社）と信託契約をしたうえで口座開設し贈与を行う必要があり、個人間で完結するような贈与には適用されません。信託銀行等で所定の手続きを経て行う一括贈与について、孫1人あたり、教育資金は1,500万円（うち学校以外への支払いは500万円が限度）まで、結婚・子育て資金は1,000万円（うち結婚資金は300万円が限度）まで非課税となる制度なのです。

　贈与を受けた孫は例えば次のような教育費用や結婚・子育て費用にあてるために、口座から資金を引き出すこととなります。

　［教育資金贈与信託］
　・学校の入学金、授業料、学用品の購入費
　・習い事（学習塾、ピアノ、水泳、野球等）の支払い
　・通学定期代、留学渡航費などの交通費
　［結婚・子育て支援信託］
　・挙式費用、結婚披露費用、家賃等の新居費用
　・不妊治療費、分べん費、ベビーシッター代

　また、受贈者である孫は教育資金贈与信託で30歳未満、結婚・子育て支援信託で20歳以上50歳未満とされています。よって、教育資金贈与信託であれば産まれたばかりの新生児であっても1,500万円を限度に非課税贈与を行うことができます。

契約期間中に贈与者である祖父母が亡くなった時

　では契約期間中に贈与者である祖父母が亡くなった場合の課税関係はどのようになるのでしょうか。実は2つの制度で課税関係は大きく異なります。

　まず、教育資金贈与信託の場合、特に祖父母の相続税の対象にな

ることはありません。仮に亡くなる直前（意識がはっきりしている
必要はありますが）に1,500万円の贈与を行ったとしても、3年内
贈与加算の対象にもなりません。

　一方、結婚・子育て支援信託の場合には、使っていない結婚・子
育て資金は祖父母の相続税の対象となってしまうのです。

　このように、教育資金贈与信託は相続税対策として有効である一
方、結婚・子育て支援信託は相続税対策としてはメリットがない点
に留意が必要です。

信託契約が終了した時

　教育資金贈与信託は孫が30歳に達すると終了します。この時点
で使い残しがあると祖父母からの贈与とみなされて贈与税が課税さ
れます（すでに祖父母がなくなっているケースでも贈与税が課税さ
れる）〔図表Ⅲ－17〕。

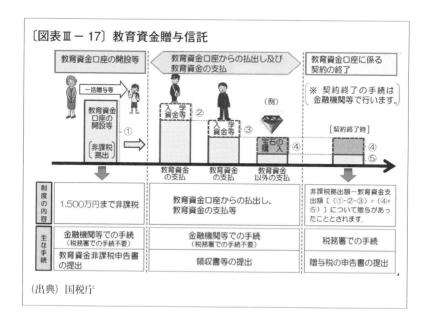

〔図表Ⅲ－17〕教育資金贈与信託

（出典）国税庁

144

　一方、結婚・子育て支援信託は孫が50歳に達すると終了します。この時点で使い残しがあると贈与税の課税が原則ですが、すでに贈与者である祖父母が亡くなっている場合には相続税が課税済ですので、改めて贈与税の課税はありません。

　このように、いずれの信託も使い切れない残高には最終的には贈与税が課税されます。したがって、孫が本当に必要とする金額の範囲で贈与するようアドバイスをしていきましょう。

３ ジュニアNISA

【想定顧客】
・全ての資産家
【想定される場面】
・子や孫の資産形成を考えているケース
【想定されるニーズ】
・ジュニア NISA 口座の開設ニーズ
【ジュニア NISA 活用の効果】
・子や孫の資産形成効果
・暦年贈与を活用した相続税対策

　平成28年4月よりジュニア NISA が始まりました。先行して NISA が始まっていますが、NISA の口座開設者は20歳以上の成年に限定されています。

　今回のジュニア NISA は、産まれたばかりの新生児から19歳までの未成年者が口座開設者となることができます。もちろん未成年者は投資資金を持ちあわせてはいないため、国は祖父母や親からの贈与を原資に、貯蓄が投資に回ることを期待しているのです。

ジュニア NISA の概要

　ジュニア NISA の適用を受けるためには、まず、証券会社等で未成年者口座を開設する必要があります。口座の開設は平成 35 年 12 月 31 日までの期間限定で可能とされており、この口座内に 1 勘定 80 万円を上限に 5 年間で最大 5 勘定の設定ができます。

　つまり、非課税投資の総額は 400 万円（80 万円×5 年）となります。口座内での上場株式・REIT の配当や売却益について非課税とされるのが最大の特徴です〔**図表Ⅲ - 18**〕。

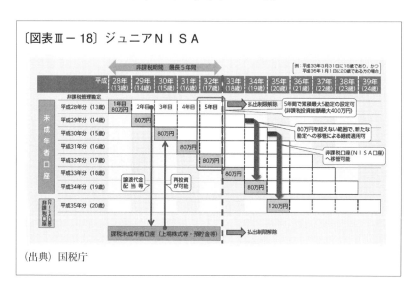

〔**図表Ⅲ - 18**〕ジュニアＮＩＳＡ

（出典）国税庁

ジュニア NISA の活用方法

　この制度は主に祖父母が貯蓄している預金を投資に回すことにねらいがあります。祖父母が入れる NISA は 1 勘定あたりの非課税投資額が 100 万円から 120 万円に拡充されたとはいえ、非課税投資総額は 600 万円（120 万円×5 年）で頭打ちです。これにジュニア NISA を導入すれば、孫が 4 人のケースでは、1,600 万円（総額 400 万円×4 人）の非課税枠が加わるイメージでしょう。

　そして、ジュニア NISA の 1 勘定 80 万円の投資額は、暦年贈与の非課税枠 110 万円を意識して設定された経緯があります。つまり、資産家としては金銭の暦年贈与により、5 年間で 1,600 万円の相続財産が圧縮でき、孫は非課税の恩恵を受けたうえで投資による資産形成が可能となり、国にとっても貯蓄から投資へと政策目的が達成できるのです。

不動産購入・売却ニーズ

1 貸家

【想定顧客】
・土地持ちの資産家
【想定される場面】
・土地の有効活用がなされていないケース
【想定されるニーズ】
・賃貸建物建設資金の融資ニーズ
【賃貸建物建設の効果】
・相続財産の圧縮効果

　「遊休地にアパートを建てて賃貸すると相続税対策になる」このことは古典的な相続税対策として、地主を中心によく知られた方法でした。

　しかし、相続に対する世間での関心の高まりを反映し、従来は賃貸経営に興味を示さなかった比較的小規模な資産家の間でも、賃貸経営に対する関心が非常に高まっています。このことから、賃貸経営による相続税対策を切り口とした融資ニーズへの対応はもはや欠かすことはできないでしょう。

節税効果のおさらい

　財産評価基本通達によれば、賃貸アパートは貸家、賃貸アパートの敷地は貸家建付地の評価となることは、前述のとおりです。仮に自用地評価額1億円の遊休地（借地権割合70％）に、金融機関か

ら1億円の借入れをして、1億円の賃貸アパートを建てたとすると、建物と土地の評価は次のようになります。

［貸家の評価額］

$$7,000万円 \times (1 - \overset{借家権割合}{30\%} \times \overset{賃貸割合}{100\%}) = 4,900万円$$

※建物の固定資産税評価額は建築価額の70％と仮定

［貸家建付地の評価額］

$$1億円 \times (1 - \overset{借地権割合}{70\%} \times \overset{借家権割合}{30\%} \times \overset{賃貸割合}{100\%}) = 7,900万円$$

これを賃貸アパートの建設前後で比較すると次のようになります。

建設前　→　遊休地1億円

$$建設後 \;\;→\;\; \overset{アパート敷地}{7,900万円} + \overset{アパート建物}{4,900万円} - \overset{借入金}{1億円} = 2,800万円$$

つまり、相続財産が7,200万円（内訳は借入金額と建物評価額の差額5,100万円と、土地の評価減2,100万円）圧縮されます。

空室率対策が重要

このように大幅な相続財産の圧縮が見込めるアパート建設ですが、貸家と貸家建付地の評価額の計算式に賃貸割合が加味されていることを十分に理解しておく必要があります。

極端なケースとして、アパート建設後、賃借人募集前に不幸にも相続が起こった場合、空室率100％、すなわち賃貸割合0％ですから、貸家の評価額は7,000万円、貸家建付地の評価額は1億円となり、相続財産の圧縮額は3,000万円にとどまります。

このようなケースはまれですが、時の経過とともに空室率は上昇（全国平均の空室率は20％、10年内に30％に達するとの予測もある）しますから、定期的なメンテナンスにより、賃料を維持しつつ、いかに空室をつくらないかが、賃貸経営のみならず、相続税対策のうえでも重要なポイントといえます。

　このことから、例えばファミリーカンパニーを設立して、当該会社に賃貸建物を1棟貸しする方法（サブリース方式）も検討に値します〔**図表Ⅲ−19**〕。

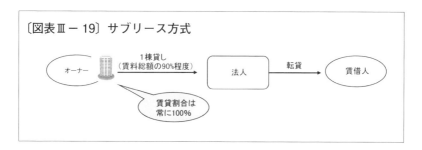

〔図表Ⅲ−19〕サブリース方式

　この方法によれば、個人が所有する土地と建物の賃貸割合を100％に固定化することが可能です。

若くて元気であれば法人活用も検討

　賃貸物件を新たに建設する場合、個人で借り入れて建設すべきか、法人で借り入れて建設すべきか悩むケースも多いでしょう。このような場合の判断基準として、顧客の年齢や健康状態を1つの判断基準とすることが考えられます。

　顧客の年齢や健康状態を考慮して、相続がそう遠くないケースでは、個人借入れで個人所有とすべきでしょう。これにより、個人の相続財産の大幅な圧縮が見込めます。

　一方、顧客の年齢が若く、健康状態も良好であるケースはどうでしょうか。この場合、将来の相続まで時間があるため、借入金の残

高が減る一方で、賃貸経営による現金の増加が予想されます。すなわち、賃貸経営が順調であれば、当初の節税見込額は時の経過にともない減少していきます。このようなケースでは、不動産所有法人（P115 参照）の活用も検討したいものです。

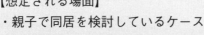 二世帯住宅

【想定顧客】
・全ての資産家
【想定される場面】
・親子で同居を検討しているケース
【想定されるニーズ】
・二世帯住宅購入資金の融資ニーズ
【二世帯住宅購入の効果】
・小規模宅地の特例を利用した相続税対策

　平成 26 年 1 月 1 日を境に小規模宅地の特例（以下、「特例」という）の適用要件が大きく変わりました。この改正は完全分離型の二世帯住宅に住む子世帯にも特例の適用を認める内容ですが、330 ㎡まで 8 割減となる特例の適用範囲が広がった影響は非常に大きなものといえます。
　改正の影響により、今後ますます完全分離型の二世帯住宅の需要が高まり、融資ニーズの拡大も予想されるため、二世帯住宅と相続税対策について十分な理解が不可欠です。

従前の取扱い
　二世帯住宅に同居する子世帯への特例の適用に関して、平成 25 年 12 月 31 日までの相続では、建物の構造に着目して適用の適否

が判断されていました。具体的には、内階段等を使って建物内部で親世帯と子世帯の居住スペースを自由に行き来できる場合、子世帯は同居親族として特例の適用がありました。

　一方、外階段が設けられている等で玄関が分かれており、建物内部で親世帯と子世帯の居住スペースの行き来ができない場合（いわゆる完全分離型の二世帯住宅）は、子世帯は別居とみなされるため、親と子が生計一であるケース等を除き、特例の適用はありませんでした。

構造要件の撤廃 !!

　このように完全分離型の二世帯住宅に同居する子どもは、特例の適用上は別居とみなされる厳しい運用が行われていましたが、親世帯と子世帯のプライバシーを確保できる完全分離型の二世帯住宅が好まれるのが時代の流れです。

　そこで、国はこのような時代の変化を反映し、平成26年1月1日の相続より、特例の適用に関して構造要件を撤廃することとしました。すなわち、建物内部で親世帯と子世帯の居住スペースを行き来できるか否かにかかわらず、子世帯は同居親族として特例の適用が可能となったのです。

　この改正により完全分離型の二世帯住宅を選択した場合に、特例の恩恵を十分に受けられなくなる不安が払拭されました。

登記には留意

　ただし、登記には留意が必要です。完全分離型の二世帯住宅を建てた場合、固定資産税の節税や、親子で住宅ローンを組んだ等の理由で、区分所有登記をすることがあります。

　このように建物を区分所有登記した場合、税務上は別々の建物に別居しているとみなされるため、特例の適用を受けられないことがあります。区分所有登記された建物を除外するのは、共同マンショ

ンの 101 号室に親世帯、303 号室に子世帯が住む、といったケースを本来想定したものであり、戸建住宅で区分所有登記したケースを想定したものではないと推察しますが、現行制度上は区分所有登記をした建物については前述の運用がなされてしまいます。

　今後の税制改正により改善余地のある点かとは思いますが、具体的な改正がなされるまでは、単独所有での登記、あるいは共有登記としておくことが、特例の適用を意識した相続税対策の観点からは望ましいでしょう。

③ 住宅取得資金の非課税贈与

【想定顧客】
・全ての資産家
【想定される場面】
・子や孫が自宅を購入しようとするケース
【想定されるニーズ】
・祖父母からの贈与では不足する金額について融資ニーズ
【住宅取得資金の非課税贈与の効果】
・祖父母の相続税対策

　贈与にはいくつかの特例が設けられていますが、そのうちの1つが住宅取得資金の非課税贈与（以下、「特例」という）です。この特例のねらいは、祖父母が持つ預金を子や孫に移転し、消費＝建物の取得に回すことで経済を活性化することにあります。

　祖父母の立場から見ても、相続税対策の有効な手段となり得ます。一方、子や孫においては贈与された預金と自己資金でまかないきれない残額について住宅ローンを検討する必要があり、ここに融資ニーズが生まれるのです。

贈与の瞬間に相続財産から切り離し

　この特例は祖父母が 20 歳以上の子や孫（合計所得 2,000 万円超の高額所得者は除かれる）のために行った金銭の贈与のうち、子や孫が自分で住むための建物の取得に充てたものついて、非課税枠の範囲内で贈与税を課税しないとするものです。子や孫は原則として贈与を受けた翌年 3 月 15 日までに建物を取得しなければなりません。

　この特例の使い勝手がよい点は、贈与した瞬間に祖父母の相続財産から贈与財産が切り離され、3 年内贈与加算の対象にもならないことでしょう。この点は前述の教育資金贈与信託と同様です。

　ただし、教育資金贈与信託では受贈者から税務署への書類提出は不要であったのに対して、この特例を使うには受贈者である子や孫が贈与税の申告をしなければならないことには留意が必要です。

年度により大きく異なる非課税枠

　また、この特例の特徴として、年度により非課税枠が大きく異なることが挙げられます。

　これは消費税増税による不動産需要への影響を考慮して非課税枠が設定されたためです。すなわち消費税増税による駆け込み需要が見込まれる時期の非課税枠は抑えるとともに、消費税増税による需要の落ち込みが激しいと予想される時期の非課税枠は手厚く設定されています。

　ケースによっては 2 ％分の消費税増税を受け入れても、手厚い非課税枠を活用したほうがよいこともあるでしょう。

　なお、省エネ効果の高い住宅を取得する場合の非課税枠の推移を示すと〔図表Ⅲ－20〕のとおりです。

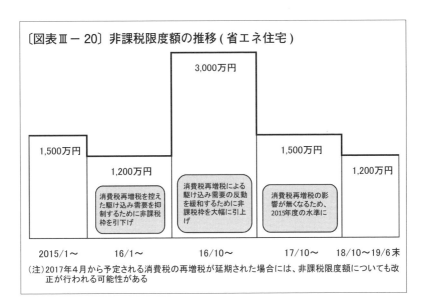

〔図表III-20〕非課税限度額の推移 (省エネ住宅)

1,500万円	1,200万円	3,000万円	1,500万円	1,200万円
	消費税再増税を控えた駆け込み需要を抑制するために非課税枠を引下げ	消費税再増税による駆け込み需要の反動を緩和するために非課税枠を大幅に引上げ	消費税再増税の影響が無くなるため、2015年度の水準に	
2015/1～	16/1～	16/10～	17/10～	18/10～19/6末

(注)2017年4月から予定される消費税の再増税が延期された場合には、非課税限度額についても改正が行われる可能性がある

借入金の返済には使えません

　うっかりおかしがちな特例のミスとして、借入金の返済に使ってしまう、ということがあります。

　例えば、この特例の存在を知らずに住宅ローンを組んで建物を購入し、その後に慌てて祖父母から金銭の贈与を受け、住宅ローンの一部繰上返済を行ったケースです。この場合、贈与を受けた金銭は「借入金の返済」に充てられたのであり、「自分が住むための住宅の取得」に充てられたわけではありません。

　よって、特例は使えないという結論です。ありがちなケースですので、顧客には十分に注意喚起したいものです。

4 納税資金確保

【想定顧客】
・土地持ちの資産家
・実業家の資産家
【想定される場面】
・換金性の高い資産に乏しく、相続税の納税資金確保のために不動産を売却するケース
【想定されるニーズ】
・相続税の納税資金確保のため、不動産売却のサポートニーズ
【不動産売却の効果】
・相続税の納税資金確保

　土地持ちの資産家や実業家の資産家にいざ相続が発生すると、主な資産が不動産や非上場株式であるため、納税資金の確保に苦慮することがあります。

　この場合、相続した不動産を市場で売却して納税資金に充てるというのも1つの選択肢です。また、納税資金が足りているケースでも、相続を機会に不動産の整理を検討することもよいのではないでしょうか。

物納か売却か

　納税方法として安易に不動産の物納を考えるのは危険である、ということは前述のとおりです（P39参照）。物納を考えるのであれば、事前の検討と周到な準備が欠かせません。一方、不動産を市場で売却することは物納に比較して手続き的な手間は少ないでしょう。

　ただし、市場で売り急ぐことを防ぐため、売却予定の不動産についてのみ、先行して遺産分割を行うなどの工夫が必要です。

　また、金額的にも、物納を行う際の評価額は相続税評価額であるのに対して、市場では時価で売却できますから、相続税評価額と時価の乖離が大きな不動産については、市場での売却が有利なケースも十分に考えられます。

市場で売却した場合の税金の優遇

　市場で不動産を売却すると、含み益に対して20％の税金が発生します。この場合に使える特例が、金庫株取得の際にも紹介した「取得費加算の特例」です。相続開始後3年10ヶ月という期間限定ではありますが、支払った相続税のうち、売却した土地に相当する相続税額については譲渡経費に加えることが認められています。

　また、「取得費加算の特例」は、相続税の納税資金を確保するために資産を売却した相続人を保護するための制度でありますが、売却資金を必ず納税資金に充てることまでは求めていません。

　したがって、納税資金が不足していないケースにおいても、「取得費加算の特例」が使える期間内に不要な不動産等を売却し整理することも十分検討に値します。

期間限定のアプローチ法

　なお、前述の「取得費加算の特例」について平成26年度の税制改正において、実務上は重要な改正がなされています。

　どのような改正であったかというと、改正前は土地を売却した場合の「取得費加算の特例」の計算は、売却した土地に相当する相続税のみならず、相続した全ての土地に相当する相続税を譲渡経費に加えることができたのですが、改正後は、売却した土地に相当する相続税に限定されたのです。

　これは改正前の取扱がバブル期の土地高騰に対応したものであったことから、現在の不動産価格水準では当然の改正だと思います。

ポイントとして押さえておきたいのは、当該改正は平成27年1月1日以後の相続から適用される点です。すなわち、「取得費加算の特例」は相続開始後3年10ヶ月が期限ですので、最も遅いケースでは平成30年10月31日の土地売却まで改正前の有利な計算が使えるということです。

　不動産売却のニーズが見込める場合、この点を期間限定のアプローチ法として活用することもよいのではないでしょうか。

5 特定会社

【想定顧客】
・土地持ちの資産家（不動産所有法人を設立したケース）
・実業家の資産家
【想定される場面】
・土地や株式の保有割合が高く、特定会社に該当しているケース
【想定されるニーズ】
・不動産の購入あるいは売却ニーズ
【不動産購入あるいは売却の効果】
・特定会社に該当し、不本意に株価が高くなる事態を防げることがある

　特定会社に該当した場合の怖さについては前述（P94参照）のとおりです。したがって、非上場会社において、土地保有割合と株式保有割合は常に意識しておくべきポイントといえます。そのうえで、金額的に大きくなりがちな不動産取引が株価に与える影響について、顧客と十分な情報共有が必要です。

株式保有特定会社と不動産取引

　株式保有割合が50％を超えると株式保有特定会社として原則、株価は純資産評価となってしまいます。この場合、例えば会社が保有する遊休地を有効活用して、賃貸建物を建てることが考えられます。

　経営判断としても、遊休地のままで保有コストのみ生じているよりも、賃貸経営による投資効果が見込めるようであれば、正しい判断といえるのではないでしょうか。

　ここでのポイントは手元資金で賃貸建物を建築すると株式保有割合はむしろ上がってしまうということです。なぜなら、現預金がより評価額の低い建物となり、相続税評価額ベースの総資産価額（株式保有割合を計算する際の分母）が小さくなるためです。

　したがって、金融機関からの借入れにより賃貸建物の建築を検討する必要があります。この場合でも、支払利息を考慮して投資効果が見込めるようであれば、経営者は不足の事態に備えて手元資金に余裕を持ちたい傾向にあるため、多くのケースで合理的な経営判断といえるのではないでしょうか。

土地保有特定会社と不動産取引

　一方、土地保有割合が70％（大会社の場合）を超えると土地保有特定会社として原則、株価は純資産評価となります。

　この土地の範囲は、自社利用目的や投資目的の土地に限られず、販売目的として在庫保有する土地も含める取扱いとなっています。

　したがって、土地の仕入販売を行う不動産販売会社は特に留意が必要です。

　通常の日常業務として販売用の土地在庫を多額に保有していると、節税の意図が全くないとしても土地保有特定会社に該当することがあるためです。この場合に不動産販売会社を救済する例外規定はありません。

そこで、このようなケースでは不要な土地は売却処分して現金に変えてしまうことが考えられます。また、金融機関からの借入金を活用した賃貸建物への投資を行った場合、株式保有特定会社で説明したことと同様の効果が期待できます。

グループ内での取引はグループ法人税制の活用も検討

　100％の支配関係があるグループ会社を複数有するケースでは、グループ法人税制（詳細は P119 参照）を活用して、グループ内での不動産移転を検討してもよいかもしれません。税負担なく不動産の移転を行い、経営効率を高めるとともに、結果として評価対象会社が特定会社ではなくなる可能性もあります。

　いずれにしても、オーナー経営者にとって株価は重要な関心事ですから、どのような不動産取引が、株価にどのように影響するのか（プラスの影響とマイナスの影響の両方）、について事前に検討しておくことは重要なポイントだといえるでしょう。

グループ再編・M&Aニーズ

1 合併

【想定顧客】
・実業家の資産家
【想定される場面】
・経営効率化のために合併を検討しているケース
【想定されるニーズ】
・効果の検証や合併手続きにかかるコンサルティングニーズ
【合併の効果】
・コスト削減等の経営効率化
・合併の結果、株価が下がることも

　合併には様々な効果が期待できるため、上場・非上場を問わず、一般的に行われているグループ再編の手法です。

　しかしながら、実際に合併を行うとなると、会計・税務・法務に渡り高度な知識が要求されます。

　ここに、コンサルティングのニーズが生まれるのです。

　また、合併は少なからず非上場会社の株価に影響を及ぼすため、合併と株価の関係を理解しておくことは重要でしょう。

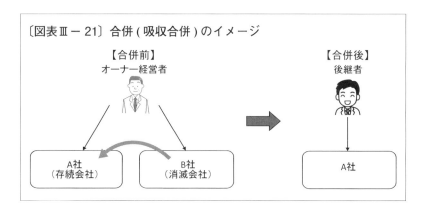

〔図表Ⅲ－21〕合併 (吸収合併) のイメージ

【合併前】
オーナー経営者

【合併後】
後継者

A社
（存続会社）

B社
（消滅会社）

A社

合併が経営に及ぼす効果

　合併は簡単にいうと、2社が1社になることです。1つの会社は引き続き生き残りますが、もう一方の会社は世の中から消えてなくなります。

　ただし、なくなる会社（消滅会社）の資産や負債は、無形のモノも含めて、生き残る会社（存続会社）が包括的に承継するのです。そして、消滅会社の株主は、存続会社の株式を手にし、新たに存続会社の株主になります。このような合併は世の中で頻繁に行われています。なぜでしょうか。それは、次のようなメリットが合併の効果として期待できるためです。

Point　合併のメリット

・企業規模が拡大し、市場でスケールメリットの恩恵を受けられる
・重複する資産や事業を整理することで、コスト削減効果を見込める
・合併の対価を株式とすれば資金調達することなく買収が可能

合併手続きの外せないポイント

　このような効果を期待して合併が行われるわけですが、非上場会社の合併では次のポインを外さないように留意しましょう。

> **Point**
>
> # 合併手続きの留意点
>
> a. 合併について、事前に全株主の同意を得ておく
> b. 合併の対価は株式のみとする

　まず、ポイント a は、会社が思わぬ金銭の負担を負わないために必要となります。というのも、合併には株主総会の特別決議が必要とされていますが、当該決議に反対する株主には、投資資金の回収機会を与えるために、会社に対して株式買取請求権が認められています。

　この買取価額は時価とされており、株式を現金化する機会の限られる非上場会社では、ここぞとばかりに高額での買取を請求される恐れがあります。そのため、事前に株主の同意を得ておくことは重要です。

　また、ポイント b は、対価として現金を支払うと思わぬ税負担が生じることがあるためです。詳細な説明は省きますが、対価の一部にでも現金を用いると、消滅会社の資産を時価で受け入れる必要があり、資産に含み益がある場合には法人税が課税されてしまいます。

　さらに、消滅会社の過去の赤字（繰越欠損金という）を存続会社に引き継げないという問題も生じてしまいます。このような問題を回避するためには、合併の対価を株式のみにすることが、大前提となるのです。

気になる株価への影響

合併は非上場会社の株価を引き上げることもあれば、引き下げることもあります。

したがって、合併が株価に与える影響を十分に検討したうえで、合併手続きの実行に移すべきでしょう。

Point 合併における株価への影響

［株価が上がるケース］
・市場でのスケールメリット享受や、コスト削減効果により、利益が大きく拡大するケース

［株価が下がるケース］
・合併により会社規模が大きくなるケース
（例えば、60人の中会社と50人の中会社が合併すると、110人となり100人以上の会社となるため、無条件で大会社となる）
・赤字の会社と合併するケース
（存続会社の黒字が消滅会社の赤字と相殺される結果となり、利益が減少するため）

合併直後の株価には注意

なお、合併直後の非上場会社の株価には注意する必要があります。これは、合併直後には類似業種比準価額が使えず、純資産価額での評価となる、という考え方があるためです。というのも、類似業種比準価額は直前期、あるいは直前前期の存続会社の決算数値を使うことが原則ですが、合併後の存続会社の決算数値とは大きく異なることが予想されますし、合併により業種すら変わっている可能性が

あるためです。確かに一定の説得力ある考え方だと思います。

　しかし、この考え方は通達等で明文化されておらず、当局がどのように考えているのか明確ではありません。

　したがって、実際に合併を行う際には、税理士等の専門家の意見を参考にしながら、慎重に事を進める必要があります。

❷ 会社分割

> 【想定顧客】
> ・実業家の資産家
> 【想定される場面】
> ・経営効率化のために会社分割を検討しているケース
> ・後継者が複数いるケース
> 【想定されるニーズ】
> ・効果の検証や会社分割手続きにかかるコンサルティングニーズ
> 【会社分割の効果】
> ・事業部門の自立性向上等にともなう経営効率化
> ・争族対策への活用
> ・会社分割の結果、株価が下がることも

　合併ほど一般的ではありませんが、会社分割も様々な効果を期待して行われるグループ再編の手法です。

　事業承継という側面から見ても、争族対策への活用が期待でき、ここに会社分割のコンサルティングニーズが生まれます。

　また、会社分割と株価の関係の理解が重要であることは合併と同様です。

会社分割が経営に及ぼす効果

　合併では2社が1社になりました。会社分割は合併の逆で、1社が2社に分かれます。ただし、分かれ方にも2つあり、兄弟として分かれる分割型分割と、親子として分かれる分社型分割があります。イメージを示すと**図表Ⅲ－22**のとおりです。

　このようにわざわざ1つの会社を分けるのはなぜでしょうか。それは、例えば次のようなメリットが会社分割の効果として期待できるためです。

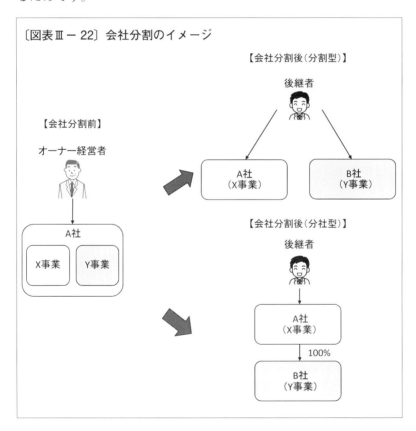

〔図表Ⅲ－22〕会社分割のイメージ

【会社分割後（分割型）】
後継者

【会社分割前】
オーナー経営者

A社
　X事業　Y事業

A社
（X事業）

B社
（Y事業）

【会社分割後（分社型）】
後継者

A社
（X事業）

100%

B社
（Y事業）

> ## ！ Point　会社分割の効果
>
> ・事業ごとの自立性を高め、成果と責任を明確にできる
> ・肥大化した組織をスリムにし、意思決定のスピードを高める
> 　ことができる
> ・会社分割の対価を株式とすることで、資金調達することなく
> 　再編が可能

　なお、会社分割について事前に全株主の同意を得ておく、会社分割の対価は株式のみとする、といった手続き上のポイントは合併と同様に外さないように留意しましょう。

争族対策として分割型分割の活用

　このように経営メリットの見込める会社分割ですが、事業承継対策としての活用も考えられます。

　例えば、長男と二男、いずれを後継者とすべきか決めかねているケースです。この場合、分割型分割により会社を2つに分けてしまい、それぞれを長男と二男が継ぐ、といった活用方法が考えられます。

　現実的には事業ごとに分割可能なケースや、地域単位、あるいは物件単位で分割可能なケースに限られるかもしれませんが、将来、兄弟間で株式をめぐる争いが想定されるのであれば、検討してみる価値のある手法だといえます。

　なお、分割型分割は会社の規模を小さくすることになります。従来は大会社で類似業種比準価額のみで株価評価を行えましたが、分割後は各社が中会社となり、純資産価額との併用となるため株価が高くなることも考えられます。

したがって、実際に分割型分割を行う際は、争族対策としてのメリットと、株価上昇のデメリットを比較検討したうえでことを進める必要があるでしょう。

分社型分割後の株価は？

　では、分社型分割を行った場合、株価に与える影響はどのようになるのでしょうか。分社型分割では分割の対象となる事業部門が100％子会社となります。すなわち、もとの会社（親会社となる会社）では分割の対象となる事業部門の損益が計上されなくなる、ということです。

　よって、分社型分割が株価に与える影響は、分割の対象となる事業部門が高収益の部門であったか、低収益の部門（あるいは赤字部門）あったか、により異なる結果となります。

Point

分社型分割が株価に与える影響

［対象が高収益部門のケース］
→オーナー経営者が直接保有する親会社の利益は大幅に減少するため、株価は下がる
［対象が低収益部門（あるいは赤字部門）のケース］
→オーナー経営者が直接保有する親会社の利益が大きく変動しないのであれば、株価はあまり変わらない。赤字部門を分割の対象とした場合には親会社の利益が改善されるため株価は上がる。

　また、会社分割直後には類似業種比準価額が使えない、という合併と同じ議論が会社分割にも存在します。

　さらに、分社型分割では、資産の一部が子会社株式へと置き換わります。特に高収益の部門を分割の対象としたケースでは、株式保有特定会社に該当し、想定外に株価が高くなってしまわないよう留意が必要です。

3 株式移転

【想定顧客】
・実業家の資産家
【想定される場面】
・持株会社の設立を検討しているケース
【想定されるニーズ】
・効果の検証や株式移転手続きにかかるコンサルティングニーズ
【株式移転の効果】
・「所有と経営の分離」等による経営効率化
・株式移転には将来の株価上昇を抑える効果も

　持株会社にはメリットがあります（P96参照）。この持株会社を設立する手法の1つが株式移転なのです。持株会社をうまく活用すれば、円滑な事業承継が可能となるため、株式移転のコンサルティングニーズが生まれます。

株式移転が経営に及ぼす効果
　株式移転はある会社の100％親会社を新たにつくる手法です。分社型の会社分割が、既存株主の立場を変えずに100％子会社をつくる手法でしたが、株式移転は既存株主が新規設立された100％親会社の株主になる点で異なります〔**図表III－23**〕。

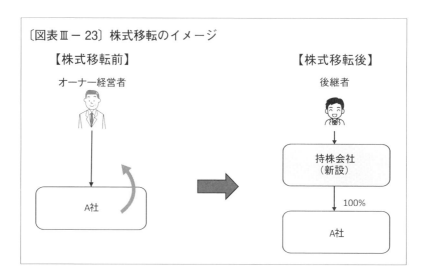

〔図表Ⅲ－23〕株式移転のイメージ

【株式移転前】　　　　　　　　　　　　【株式移転後】

オーナー経営者　　　　　　　　　　　　後継者

A社

持株会社
（新設）

100%

A社

　株式移転で新たに設立される100％親会社は、子会社株式以外に資産や負債のない空っぽの会社です。このような空っぽの会社をつくることに意味はあるのでしょうか。実は次のような経営メリットがあるため、実務上は株式移転が用いられています。

Point 株式移転のメリット

- 2社の経営統合を合併で行うには時期尚早と判断される場合、共同株式移転の方法により、2社の持株会社をつくることで、緩やかに経営統合を行える
- 新たな事業にM&Aでの進出を考えている場合、持株会社体制にしておいたほうが事業ごとの独立性を確保しやすいといった面で好都合
- 株式移転の対価を株式とすれば資金調達することなく持株会社体制への移行が可能

　なお、株式移転について事前に全株主の同意を得ておく、株式移転の対価は株式のみとする、といった手続き上のポイントは合併と同様に外さないように留意しましょう。

株式移転と株価の基本的な関係

　では手続き上のポイントを押さえたうえで株式移転を行った場合、オーナー経営者の保有する株式の価額にはどのような影響があるのでしょうか。実は、保有する株式の銘柄が新たに設立された持株会社の株式に変わるのみで、保有する株価の総額は原則として変わりません。

　なぜなら、100％子会社となる元の会社は株主が変わるだけですし、持株会社も資産は子会社株式のみの株式保有特定会社として純資産評価となり、結局、持株会社の株式の評価額は100％子会社となった元の会社の株価の総額であるためです。

　ただし、純資産評価では資産の含み益の37％を控除する、という通達に定められたルールがあります。このため、100％子会社の事業が好調である場合には、将来、持株会社の株式を評価する際に、子会社株式の大きな含み益のうち37％を評価減できるのです（37％控除の対象は、株式移転後に生じた含み益が対象です。株式交換についても同様）。

　つまり、株式移転を通じて事業会社の株式を間接保有（直接保有するのは持株会社の株式）することで、実質的に株価の上昇を37％だけ抑制する効果が生まれるといえます。

「所有と経営の分離」を徹底する

　事業承継では、例えば親族内に後継者がいないケースにおいて株式移転の活用が考えられます。どういうことかというと、株式移転により持株会社を設立し、オーナー家は持株会社の役員および株主としての立場に退くのです。

そのうえで、優秀な親族外の役員や従業員を事業会社の取締役に選任し、経営を全て任せてしまいます。すなわち、所有（株主）と経営（取締役）を分離させてしまいます。

　このように適切な後継者が親族内に見つからない場合には、オーナー家が経営の前線から手を引いたほうが、経営を任された親族外の役員や従業員が力を発揮しやすいケースもあるでしょう。

将来の M&A を見据えて

　このように「所有と経営の分離」をいったんは徹底したうえで、親族内から優秀な後継者が育つことがあれば、その者を取締役に選任し、将来の経営を任せればよいと思います。しかし、いったん経営を任せた親族外の役員や従業員の次を担う後継者が育たないことも十分に考えられます。

　そのような場合、M&A が事業承継の選択肢の１つになると思われます。この M&A と株式移転も実は相性がよいのです。なぜなら、事業会社の株主は持株会社のみであるため、M&A の買手にとっては交渉がシンプルで済むためです。

４ 株式交換

【想定顧客】
・実業家の資産家
【想定される場面】
・持株会社の設立を検討しているケース
【想定されるニーズ】
・効果の検証や株式交換手続きにかかるコンサルティングニーズ
【株式交換の効果】
・持株会社体制にともなう経営効率化
・株式交換の結果、株式の財産総額が減少することも

　株式交換は、買収資金の準備が不要であるため、上場会社を中心に企業買収の手法として頻繁に用いられています。

　この株式交換ですが、非上場会社のグループ内において、持株会社をつくる際にも使い勝手のよい手法です。ここに、株式交換のコンサルティングニーズが生まれます。

株式交換が経営に及ぼす効果

　株式交換はある会社が他の会社を100％子会社にする手法です。株式移転や分社型の会社分割のように、新たに会社が設立されることはありません。あくまで、既存の会社で株主関係が変わるのみです。

　具体的には親会社となる会社が100％子会社となる会社の株主から株式を取得し、対価として親会社株式を渡します。よって、100％子会社の既存株主は新たに親会社の株主となります〔図表III－24〕。

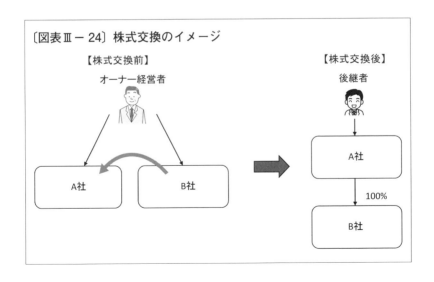

〔図表III－24〕株式交換のイメージ

このような株式交換ですが、一般的には次のようなメリットがあるといわれています。

Point　株式交換のメリット

・買収先を別法人としておき自立性を与えたほうが、買収事業の採算性が明確であり、結果として経営が効率化される
・株主の変更にすぎないため、既存の取引や契約関係、許認可に影響を及ぼしにくい
・株式交換の対価を株式とすれば、資金調達することなく持株会社体制への移行が可能

　なお、株式交換について事前に全株主の同意を得ておく、株式交換の対価は株式のみとする、といった手続き上のポイントは合併と同様に外さないことが大切です。

株式交換と株価の基本的な関係

　このような株式交換を、非上場会社のオーナー経営者が、自ら経営するグループ企業間で行った場合、株価にどのような影響を及ぼすのでしょうか。この点については、株式交換直後の株価と将来的な株価の2つの視点で理解しておく必要があります。

　まず株式交換直後の株価ですが、ずばり、オーナー経営者の保有する非上場株式の株価総額は減少するケースが多いでしょう。なぜなら、オーナー経営者の相続財産は親会社の株式のみとなるためです（株式交換前は親会社の株式と子会社の株式、両方が相続財産）。確かに親会社の株式は株式交換により株価が上昇します。これは、純資産価額に子会社株式の評価が反映されるためです。

　一方、親会社の類似業種比準価額は、子会社の利益が反映される
わけではないため、大きく変動はしません。よって、株式保有特定
会社等に該当して、類似業種比準価額の使えないケースを除いて、
子会社株式の評価額の全てが親会社株式の評価に反映されることは
ないのです。

　つまり、親会社の株価が上昇したとしても、それは株式交換前の
子会社株式の株価の範囲内というわけです。

　また、将来的な株価ですが、子会社となる会社の業績が好調だと
すれば、子会社の株価は上昇します。子会社の株価は親会社の純資
産価額に反映されますが、株式交換時以降の値上り益については
37％控除が認められています。一方、子会社の業績が親会社の類
似業種比準価額に影響することはありません。株式交換後の親会社
株式の株価について、親会社が中会社・小会社のケースでは株価上
昇を抑える効果があり、大会社にいたっては子会社株式の値上りが
親会社の株価に反映されることはありません（ただし、親会社が株
式保有特定会社等に該当すると当然ながら親会社の株価に子会社株
式の値上り益が反映される）。

持株会社設立後の税務メリット

　このように、株式交換後の株価は、株式保有特定会社への該当性
に留意すれば、多くのケースでオーナー経営者にとって不利にはな
らないことが理解できたと思います。これに加えて、株式交換後の
持株会社体制では次のような税務メリットが受けられます。

Point　株式交換後の税務メリット

・受取配当金の益金不算入
・グループ法人税制

まず、「受取配当金の益金不算入」の効果を最も受けられるのは100％子会社からの配当です。この点、株式交換で持株会社体制に移行した場合、親会社と子会社の関係は100％の資本関係ですから、親会社は税負担なく子会社から配当を受け取ることが可能です。

　見方をかえれば、親会社の借入金の返済に、税負担なく、子会社のキャッシュフローを使えるということです。

　また、「グループ法人税制」は前述（P119参照）のとおりです。親子間で税負担なく不動産の移転が行えるため、グループ内で効率的な資産保有形態の検討が行い易くなるでしょう。

5 第三者への株式譲渡

【想定顧客】
・実業家の資産家
【想定される場面】
・親族内や社内に後継者がいないケース
【想定されるニーズ】
・M&A の仲介ニーズ
・買手に対する買収資金の融資ニーズ
【第三者への株式譲渡の効果】
・後継者問題の解決
・創業者のハッピーリタイヤ

　中小企業の後継者問題を解決する手段として M&A が注目されています。M&A は通常、株式譲渡の方法で行われますが、自力で買手を見つけられることはまれであるため、M&A の仲介ニーズが存在します。

　また、買手は買収資金を用意する必要があるため、当該買収資金

の融資ニーズが生まれます。

なぜ M&A なのか？

　中小企業のオーナー経営者は後継者問題に悩んでいます。親族内で後継者を考えようにも、少子高齢化でそもそも候補がいないケースが多く、候補がいたとしても安定的なサラリーマン生活のほうがよいといって、継がないケースもあります。

　また、オーナー経営者自身が自社の経営環境を悲観して、継がせないケースもあるでしょう。そこで、社内の優秀な役員や従業員に継がせようと考えても、役員や従業員はオーナー家に比較して資金力に乏しいため、株式の移転に苦慮します。この点に関してはMBO（P112 参照）にて解決もできますが、個人保証の引き継ぎという問題は残ってしまいます。

　このような問題を全て解決できる可能性が M&A にはあります。そのため M&A が今、注目されているのです。

関係者全てがハッピーに !!

　M&A は通常、株式譲渡という方法で行われます。したがって、経営を第三者に任せたうえで、株式譲渡代金を手にすることができるため、オーナー経営者のハッピーリタイヤは容易に想像できるでしょう。しかし、ハッピーなのはオーナー経営者のみではありません。

　株式の買手にとっても、事業をゼロから開始しなくてもよい M&A はハッピーなのです。だからこそ、わざわざ株式取得に多額の資金を投じようと考えます。また、従業員にとっても、後継者が不明瞭な状態よりも、後継者が明確になったほうが安心です。

　そして、株式の買手は多くの場合、資金的に余裕のある優良企業であり、また契約で従業員の雇用維持が約束されるのが通常です。したがって、従業員にとってもハッピーなのです。

さらに取引先にとっても M&A はハッピーといえます。なぜなら、後継者が決まらない状態は取引先にとっても不安なものですが、M&A が成立した多くのケースでは従来通りの取引が継続されているためです。

　このように、M&A により後継者問題を解決することは、オーナー経営者のみならず、関係者の全てがハッピーになれる可能性があるといえるでしょう。

タイミングが重要

　ただし、全ての会社が M&A により売却できるわけではありません。慢性的に赤字体質の会社や、必要以上に債務が大きな会社は、買手が見つかりにくいといわれています。また、買手のニーズにもトレンドがあるようです。

　そして、会社というものは同じものがふたつとありません。したがって、売手と買手の様々なタイミングがたまたま合ったときに M&A は運命的に成立するともいえます。

　いずれにしても、このようなタイミングを逃さないためにも、後継問題に悩むオーナー経営者には、M&A という選択肢もあることを、早い段階でアドバイスしたいものです。

相続対策ニーズ

1 遺言

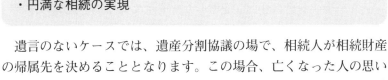

【想定顧客】
・全ての資産家
【想定される場面】
・相続人間の争族が想定されるケース
・相続人以外に財産を相続させたいケース
【想定されるニーズ】
・遺言信託のニーズ
【遺言の効果】
・円満な相続の実現

　遺言のないケースでは、遺産分割協議の場で、相続人が相続財産の帰属先を決めることとなります。この場合、亡くなった人の思いが遺産分割に反映されるとは限りません。なかには、遺産を巡る骨肉の争いに発展するケースもあるでしょう。しかし、多くの方はこのような事態を望んではいません。

　そこで、生前に遺言を残すことで、相続人間の争いを未然に防ぐことができます。ここに、遺言信託のニーズが生まれるのです。

特に遺言の作成が望ましいケース

　例えば次のようなケースでは、相続人間の争いが想定されたり、遺産分割協議にそもそも参加できないため、特に遺言の作成が望まれます。

遺言の作成が望ましいケース

［相続人に先妻の子と後妻がいるケース］
→先妻の子と後妻との間の遺産を巡る話合いは、穏やかにいか
　ないことが多いため、遺言で取得財産を決めておくことが望
　まれます。

［内縁の妻に財産を残したいケース］
→長年妻として夫を支えてきたとしても、婚姻届けを出してい
　ない場合、妻は相続人にはなれません。この場合、妻に財産
　を渡したいのであれば、遺言の作成は必須です。

［子どもがいないケース］
→夫の財産は、夫の兄弟と分けることとなります。したがって、
　夫が愛する妻に全財産を渡したいと考えた場合、遺言の作成
　が必須です。なお、夫の兄弟に遺留分はないため、妻が遺留
　分減殺請求を受けることはありません。

［後継者に非上場株式を集中させたいケース］
→遺産分割協議が長引くと会社経営にも不利な影響を及ぼしま
　す。そこで、後継者には非上場株式、非後継者にはその他の
　財産を取得させる遺言を残すことで、このような事態を未然
　に防ぐことが可能です。

［社会貢献を行いたいケース］
→社会貢献として自身の財産を公益財団法人等に渡したいとい
　う人が増えています。このような場合も、遺言で公益財団法
　人等を受遺者に指定する必要があります。

遺言書作成時に押さえておきたい2つのポイント

　このように、遺産の帰属先について、自身の思いを反映できる遺言ですが、実際に遺言書を作成する際、特に押さえておきたいポイントが次の2つです。

! Point　　遺言作成時に押さえるべき点

　a. 公正証書遺言にて作成する
　b. 相続人の遺留分に留意する

　まず、aですが、遺言を自身で作成する人がいます。これを自筆証書遺言といいますが、あまりオススメはしません。なぜなら、相続後に家庭裁判所による検認手続が必要となりますし、形式不備による無効の可能性、あるいは遺言書の存在に相続人が気づかないというリスクすらあるからです。

　そこで、遺言は公正証書遺言にて作成することを勧めています。費用が発生したり、2人以上の証人が必要になるという手間もありますが、公証役場にて公証人立会の元で作成するため、形式不備により無効となる恐れがなく、また、家庭裁判所の検認手続も不要です。さらに、原本は公証役場で保管されるため、紛失・隠蔽・改ざんの恐れもありません。

　次に、bですが、遺言で財産の帰属先を自由に決めることはできるのですが、相続人の遺留分を排除することまではできません。相続人間の争いを防止する機能のある遺言が引き金となり、争族が勃発する事態だけは避けたいものです。

　したがって、遺言を作成する際には、各相続人の遺留分を把握したうえで、財産の帰属先を決めるようなアドバイスを心がけましょう。

② 暦年贈与

【想定顧客】
・全ての資産家
【想定される場面】
・長期的に相続財産を減らしたいケース
【想定されるニーズ】
・相続対策の提案ニーズ
【暦年贈与の効果】
・110万円の基礎控除額を活用した財産の移転

　暦年贈与には年間110万円の基礎控除額がありますので、この範囲内での金銭贈与を検討する資産家も多いでしょう。この場合、相続税対策という観点からは、「多くの人に複数年に分けてコツコツ贈与」がポイントでした（P43参照）。

　このような暦年贈与ですが、相続税の税務調査の際には、しばしば「名義預金」としてトラブルも生じています。そこで、後々、「名義預金」と判断されないためのポイントを紹介します。

名義預金に該当すると

　祖母が、子や孫名義の預金通帳にコツコツとお金を振り込みます。例えば年間100万円の振込を3人に10年間続けると、子や孫名義の預金通帳は3,000万円の残高です。祖母は年間110万円以内の贈与ですから、贈与税はかからず、3,000万円は子や孫のものとなり、相続税対策は終了と考えていました。

　しかし、祖母の相続税の税務調査で3,000万円が名義預金と判断されると、3,000万円は祖母の財産として、相続税が追加でかかり

ます。さらには過少申告加算税のペナルティーも課されるでしょう。すなわち、祖母が10年かけて行った振込は、相続税対策としては意味がなかった、ということなります。

税務署が名義預金と判断するポイント

　なぜこのような、一見理不尽にも思える事態が生じるのでしょうか。それは、税務署の目から見て、そもそも贈与が成立していないと判断されるためです。すなわち、贈与が成立していなければ、預金名義が変わろうと、預金の所有者は元のまま、というわけです。そして、税務署は次のようなポイントを総合的に勘案して、名義預金に該当するのかを判断しています。

Point

名義預金の判断基準

［使用している印鑑］
→祖母の預金口座と、子や孫の預金口座、いずれも同じ印鑑を使用している場合には名義預金と判断される可能性が高くなります

［通帳の保管や預金の管理状況］
→通帳の保管を祖母が行っている場合や、通帳に入金があるのみで出金がない場合には、名義預金と判断される可能性が高くなります

［贈与税の申告状況］
→祖母から年間110万円を超える入金があるにもかかわらず、贈与税の申告がない場合、名義預金と判断される可能性が高くなります

なお、名義預金はそもそも贈与が成立していないため、時効という概念が当てはまらない点にも留意が必要です。

名義預金と判断されないために

　このように、よかれと思って行った対策が、名義預金と判断されないためには次のようなポイントを押さえて贈与を行う必要があります。

> **Point**　**名義預金と判断されないために**
>
> ・毎年、贈与契約書を書面で作成しておく
> ・印鑑は子や孫の印鑑を使用し、通帳も子や孫が保管する
> ・預金を子や孫が自身のために使う
> ・年間110万円を超える贈与については申告・納税を行う

　なお、実務上は111万円の贈与を行い、申告と1,000円の納税を行い、適切な贈与の立証資料の1つとすることも、よく行われています。

③ 相続時精算課税

【想定顧客】
・土地持ちの資産家
・実業家の資産家
【想定される場面】
・不動産や株式の次世代への移転を考えているケース
【想定されるニーズ】
・相続対策の提案ニーズ
【相続時精算課税活用の効果】
・将来値上がり確実な資産等について次世代へ早期の移転

　相続時精算課税は暦年贈与に代えて使うことのできる制度です。基本的には節税につながらない制度ですが、制度を理解し、うまく活用することで、将来の相続税を低く抑えることが可能です。そこで、相続時精算課税の賢い活用方法を紹介します。

後戻りできない相続時精算課税

　相続時精算課税は、60歳以上の父母または祖父母から、20歳以上の子または孫への贈与について選択できる贈与税の制度です。相続時精算課税を選択すると、選択した年から2,500万円（特別控除額）の贈与までは贈与税がかかりません。

　特別控除額を使い切ると、超えた金額について一律20％の贈与税がかかります。一見すると特別控除額の大きさと、一律20％の税率であるため、有利な制度に思えます。

　ただし、制度名から想像できるとおり、相続時に精算する必要があります。すなわち、贈与者の相続税の申告に際して、相続時精算課税を選択した贈与については、贈与時の価額で全て相続財産に加

算して相続税の計算を行います。そして、すでに支払済みの贈与税については相続税から差し引くことで精算が完了する制度です。

最終的には相続税が課税されるため、直接には節税に結びつかない制度なのです。さらに、一度相続時精算課税を選択すると、当該贈与者との間では暦年贈与に後戻りはできません。よって、安易な選択は禁物といえるでしょう。

土地持ちの資産家への活用

このように直接は節税に結びつかない相続時精算課税ですが、例えば安定的にキャッシュを生み出す資産の贈与に活用することで将来の相続税の節税につながるケースがあります。

安定的にキャッシュを生み出す資産としては、賃貸建物が代表でしょう。このような賃貸建物は、建築時には現金よりも評価額が低いため相続税の節税になります。しかし、優良物件は長く保有すればするほど手元の現金が増加するため、ある時を境に節税効果はなくなってしまいます。

そこで、相続時精算課税を選択して賃貸物件の贈与を検討します。贈与により賃貸物件の所有権が子や孫に移転すれば、贈与後の賃貸収入は子や孫のものですから、相続税の課税対象外です。

また、暦年贈与での移転は多額の贈与税を支払う必要がありますが、相続時精算課税を活用して移転すれば2,500万円の特別控除があるうえ、これを超えて20％課税がなされても、最終的には相続税から控除することができます。優良な賃貸物件を所有する土地持ちの資産家には検討に値する制度といえます。

実業家の資産家への活用

また、値上がり確実な資産の贈与にも活用できます。値上がり確実といえる資産を見つけることは、通常困難でしょう。しかし、オーナー経営者の保有する非上場株式は、該当するケースがあります。

　例えば、先代経営者に多額の役員退職金を支払ったタイミングです。役員退職金の支給により株価は大幅な値下がりが予想されますが、このような値下がりは本業の業績が順調であれば一時的なものであり、近い将来には元の株価への値上がりが確実といえます。

　そこで、役員退職金の支給により株価が大幅に下がったタイミングで、相続時精算課税を選択して贈与を行うのです。確かに、先代経営者の相続時には、贈与した株式は相続財産に加算されて、相続税がかかります。

　ただし、加算する際の株価は、贈与時の株価である点がポイントです。

　つまり、相続時精算課税を選択して生前贈与を行うことで、相続時の株価を、底値で固定しておくことができるというわけです。

　オーナー経営者の保有する株式は多額になりがちですので、タイミングよく活用すれば大きな節税効果が見込めるでしょう。

4 一般社団法人

【想定顧客】
・土地持ちの資産家
【想定される場面】
・不動産所有法人の活用を考えているケース
【想定されるニーズ】
・賃貸不動産買取資金の法人への融資ニーズ
【一般社団法人活用の効果】
・持分の概念がないため相続税の課税対象外となる

　不動産所有法人は、土地持ちの資産家の所得税・相続税対策になると説明しました。この不動産所有法人について、従来は株式会社で設立することが一般的でした。

　しかし、近年は一般社団法人で設立するケースが増えています。なぜ、一般社団法人なのか、について理解することで一歩先をゆく提案ができます。

一般社団法人と法人税

　株式会社と異なり、一般社団法人には株主はいません。株主に近い立場として社員（設立時には最低2人）がいます。そして株主総会に相当する機関が社員総会です。この社員総会で株式会社の取締役に相当する理事を1名以上選任します。社員と理事は兼ねることができるため、一般社団法人の設立には最低2人、つまり夫婦で設立が可能です。

　この一般社団法人ですが、親族で設立する場合、法人税の課税は株式会社と同様です。

　一般社団法人で事業を行ったからといって、法人税の節税にはなりません。

一般社団法人と相続税

　一方、相続税という視点でみると、株式会社と一般社団法人は大きく異なります。株式会社の株主は法人財産について出資持分を有しています。

　つまり、法人を清算した際には出資持分に応じて残余財産をもらうことができます。よって、株式（出資持分）には財産的価値があるため、相続税の課税対象なのです。

　ところが、一般社団法人には出資持分がありません。よって、法人を清算した際の残余財産は社員に帰属するわけではありません（実務上は、社員に残余財産を引き渡すことが可能との見解が一部である）。このため、社員の地位に財産的価値は認められず、相続税の課税対象とはなりません。

一般社団法人と不動産所有法人

　このような一般社団法人の特徴を利用して、不動産所有法人を一般社団法人として設立することが考えられます。株式会社で設立した場合、株式の相続税対策に悩むことになりますが、一般社団法人で設立すれば、このような悩みは生じません。

　確かに一般社団法人については社会の認知度がまだ高くないため、体外的な信用力に乏しいというデメリットもありますが、不動産所有法人では体外的な信用力を強く求められる場面もまれであるため、大きなデメリットとはならないでしょう。不動産所有法人を設立する際には、一般社団法人の活用をぜひ検討してみましょう。

コラム 3 納税猶予制度は事業承継問題の 解決手段となり得るか?

　本文では触れませんでしたが、経営者から後継者へ株式を移転する際、「非上場株式の相続税・贈与税の納税猶予制度」を活用するという選択肢もあります。

　当該制度は中小企業の事業承継が円滑に進むように、一定の要件を満たした相続や贈与による株式の移転については税金をかけないという制度です。一見すると非常に魅力的な制度ですが、当初の想定通りには活用が進んでいません。

　理由はいくつかあるのですが、制度の適用を受けてから5年間は従業員の雇用を8割維持しなければならいことが中小企業の重荷になっていることが挙げられます。従来は1年でも雇用が8割を下回ると、納税猶予の打ち切りとなりました。

　さすがに厳しいとの声が大きかったため、現在は5年間平均で雇用8割の維持でよいとされています。とはいえ、1年後の状況もわからないという中小企業が多いなか、5年間確実に雇用を維持できるといえる中小企業は、やはり少数です。

　確かにオーナー家のみが優遇され、従業員の雇用がないがしろにされる事態は避けなければなりません。しかし、納税猶予制度が事業承継問題の解決手段となるためには、さらなる要件緩和を期待したいところです。

第IV章

提案実践のツボ

経営者へのヒアリングと提案組立のツボ

これまでの章で相続と事業承継にかかわる知識とツボをお伝えしました。しかし、これらの知識とツボも、実践の場で使えなければ宝の持ち腐です。このようにならないためには、実践的な提案の流れを事前に理解し、イメージしておくことが重要です。

本章では、次のような流れで実践的なポイントを押さえます。

Point

提案実践の流れ

ステップ1 事業承継ニーズが見込める顧客を見つける
ステップ2 オーナー経営者から事業承継についての考えを聞きだす
ステップ3 オーナー経営者の思いを実現できる提案を行う

そのうえで10個の事例を通じて実践的な顧客提案のイメージが頭に描けるようになりましょう。

1 事業承継ニーズの発掘

事業承継ニーズの発掘は、基本的な知識があれば難しくはありません。オーナー経営者に事業承継の話を切り出す前に、事前に想定したニーズを机上で検討し、オーナー経営者とのヒアリングに望むことができれば、話をスムーズに進めることができるのです。

例えば、次のような事項を手元の資料で事前に把握・検討しておきましょう。

☑オーナー経営者の年齢や親族関係の把握
　　⇒所得税の確定申告書・法人税の確定申告書（別表二）等

> ・オーナー経営者が高齢であるほど事業承継のニーズは高まる
> ・子が社内にいれば親族内承継の可能性が高い
> ・子がいなければ従業員への承継や、第三者へのM&Aも想定する

☑社内関係者や取引先の理解
　　⇒訪問時の会話等

> ・オーナー経営者の権限が委譲されていれば事業承継の時期は近い
> ・オーナー経営者と取引先の個人的繋がりが強いと退任時期は先延ばしになりがち
> ・親族ではない会社の番頭が事業承継のキーマンとなるケースもある

☑株主構成や経営状況の理解
　　⇒法人税の確定申告書・決算書・勘定科目内訳明細書

> ・株式が分散していると集約ニーズがある
> ・多額の利益計上、あるいは保有資産に含み益があると株価対策ニーズがある
> ・手元資料に基づき株価の試算をしておく

☑個人資産の把握
　　⇒確定申告書（財産債務調書）

> ・金融資産が少ない場合には納税資金対策ニーズがある
> ・手元資料に基づき相続財産額の推定と相続税額の試算をしておく

なお、上記の資料が事前に揃わないことも多いため、オーナー経営者と会話する際に把握・検討すべき事項を意識して、常日頃からさりげなく情報収集をしておくことが重要です。

２ 経営者の考えをヒアリングする

　相続や事業承継は、オーナー経営者にとって非常にデリケートな問題です。特に社外の人間から事業承継や相続というフレーズを耳にすると、口を閉ざすオーナー経営者も多いというのが実際ではないでしょうか。

　自ら手塩にかけて育てた会社からの引退や、自身の相続に正面から積極的に向きあうオーナー経営者は、むしろ少数です。

〔図表Ⅳ－１〕事業承継の見込みを探る、経営者へのヒアリング例

親族内承継が想定されるケース

金融パーソン	オーナー経営者	事業承継の見込
「入社時には不安そうに見えたご子息も、最近では立派に成長されて生き生きと仕事に励まれていますね」	「そうだろう。ああ見えてアイツには経営のセンスがあるんだよ」	ご子息が後継者、かつ、承継時期も近い可能性が大きい
	「営業のセンスはあるが、財務や現場の経験がまだまだだな」	ご子息が後継者となる可能性が大きいが、承継時期は数年後かもしれない

親族外承継が想定されるケース

金融パーソン	オーナー経営者	事業承継の見込
「専務（従業員筆頭の後継者と想定）の本案件でのご活躍は、若かりし頃のご自身と照らしあわせて、感慨深いものがあったのではないでしょうか」	「アイツも俺と肩を並べるまでに成長したなぁ」	専務が後継者、かつ、承継時期も近い可能性が大きい
	「若い頃の俺はもっといろいろやったよ。まだ俺の指示がないとアイツは動けないんだ」	事業承継はまだ先と予想。場合によっては第三者へのM&Aの可能性も考慮する

　しかし、オーナー経営者は会社の将来を内心では非常に気にしています。まずは雑談のなかで「だれ」が「いつ」事業を承継する見込みであるかをさり気なく探るとよいでしょう〔図表Ⅳ－1〕。
　そのうえで、経営者の本音をしっかりと聞ける関係を築けるか否かが最大のポイントです。

３ 経営者の思いに応じた提案を組み立てる

　「だれ」が「いつ」事業を承継するのかが明確になれば、後はオーナー経営者の思いを実現する提案を組み立てるのみです。
　この段階にまで至るとオーナー経営者は前向きに話を聞いてくれるはずです。
　また、オーナー経営者のニーズにそぐわない対策を消去していけば、自ずと提案方針は見えてきます〔図表Ⅳ－2〕。

〔図表Ⅳ－2〕 よくあるオーナー経営者のニーズと提案例

オーナー経営者のニーズ等	提案例
株式は相続人に平等に分けたい	株式は後継者に集中することがセオリーである旨を確認しつつ、非後継者が取得する株式については議決権のない株式とすることを提案する。
株式は後継者に集中させたい	株式の移転は役員退職金の支給等により株価が下がったタイミングで行うことを提案する。また、他の相続人の遺留分に配慮して相応の資産を残すようアドバイスを行う。
株式は死ぬまで渡したくない	経営効率の観点からも、高収益部門を子会社化し、株価上昇を抑える提案をする。
後継者が見つからないため廃業したい	経営者も気づかない価値が会社に埋もれているケースもあるため、廃業の前にM&Aの検討を提案する。
優秀な従業員を後継者としたい。ただし、従業員には株式を取得する資金的余裕がない	MBO方式により従業員の資金負担なく株式の取得が行える方法を提案する。
退職金の支給時期はいつがよいか	業績好調な会社は純資産価額しか下がらない死亡退職金よりも、類似業種比準価額も下がる生前退職金のほうが有利なケースが多いとアドバイスする。
役員退職金はどれだけ貰ってもよいのか	資金繰りと税務・法務処理に留意すれば制限はないとアドバイスする。
グループ会社の複雑な資本関係を整理したい	事業持株会社体制への移行を提案する。
グループ各社に含み益のある不動産が分散している	グループ法人税制を活用して資産管理会社に不動産を集約することを提案する。

ツボを押さえた提案実践例

１ 地主への法人活用のススメ

CASE

　Ａさんは港区の一等地に賃貸ビルを所有する地主である。当該賃貸ビルは30年前にＡさんの父親の相続税対策として建築した経緯がある。周辺には新しいビルも増えているが、駅前の好立地であるため、常に満室で、賃料水準も同時期に建築された近隣の物件に比較して高い状態が維持されている。

　しかし、一見すると賃貸経営が順調に見えたＡさんには不満があった。それは税金を納税すると不動産所得の半分程度しか手元に残らないことである。

　Ａさんはできる限り多くの財産を妻Ｂや長女Ｃに残したいと考えているため、何かよい提案はないかと求められている。

・Ａさんの親族は妻Ｂと長女Ｃのみ。長女Ｃは結婚し、専業主婦である。

・賃貸ビルは30年前にＡさんの父親が20億円（耐用年数50年、定額法で償却）で取得した。資金は全て銀行借入、返済期間は40年である。Ａさんの父親は10年前に他界し、賃貸ビルと借入金はＡさんが相続している。

・前年のＡさん確定申告の状況は**図表Ⅳ－3**のとおり。

〔図表Ⅳ－3〕 前年のAさん確定申告の状況

(円)

賃貸収入	110,000,000
減価償却費	▲ 40,000,000
経費	▲ 30,000,000
不動産所得	40,000,000
基礎控除	▲ 380,000
課税所得	39,620,000
所得税(税率40%)	13,052,000
住民税(税率10%)	3,962,000

不動産所得の半分近い納税額が生じている

事例の分析

　日本の所得税は超過累進税率を採用していないため、高額所得者ほど高い税率が課税されます。現行では、課税所得が1,800万円を超えた部分の所得税率は40％です。

　これに加えて10％の住民税がかかります。すなわち課税所得のうち1,800万円を超えた部分については所得税と住民税の納付を考えると、手元に残る金額は半分以下ということです（なお、課税所得4,000万円を超えた部分は所得税の最高税率45％が適用されます。過去には最高税率75％という時代もありました）。

　このため土地持ちの資産家からは何とか毎年の税負担を減らしたいとのニーズが多くあります。このようなニーズに応えるキーワードは「不動産の法人所有化」と「所得分散」です。

　うまく活用すると中長期的に大きな節税が見込める方法です。また、不動産を移す法人の種類を工夫すれば子世代の相続税を大きく減らすことも可能です。さらに、法人だからこそ使える対策もある、という視点も重要です。

提案のツボ

・金融機関からの借入れにより賃貸ビル（建物のみ）を新設法人に移せないか検討する。
・新設法人は一般社団法人とすることを検討する。
・賃貸ビルの売却代金を原資に納税資金相当の生命保険契約の締結を提案する。
・将来の役員退職金の支給に備えた生命保険契約の締結を提案する。

提案内容と解説

　今回の事例では一般社団法人を設立して賃貸ビルをＡさんから買取る提案を行いました。併せて、Ａさん個人では賃貸ビルの売却代金を原資とした生命保険への加入を、法人では将来の役員退職金の支給に備えた生命保険への加入を提案しています。

　まず賃貸ビルを法人に移す提案のねらいですが、これはＡさんに集中している不動産所得を、「不動産の法人所有化」を通じて、妻Ｂと長女Ｃおよび同族法人に「所得分散」することにあります〔図表Ⅳ－4〕。

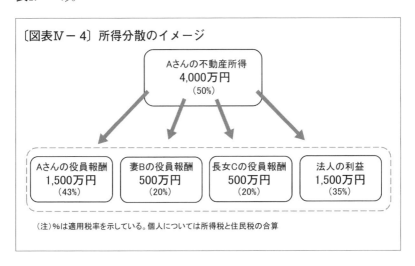

〔図表Ⅳ－4〕所得分散のイメージ

Ａさんの不動産所得 4,000万円（50%）

Ａさんの役員報酬 1,500万円（43%）／妻Ｂの役員報酬 500万円（20%）／長女Ｃの役員報酬 500万円（20%）／法人の利益 1,500万円（35%）

（注）%は適用税率を示している。個人については所得税と住民税の合算

「所得分散」を行うことで、Ａさんの所得が下がり適用される税率も下がります。加えて法人からは役員報酬として支給されるため、給与所得控除の適用も可能となり、二重に節税メリットを受けることが可能なのです。これを年間の税負担額で比較すると**図表Ⅳ－５**のとおりです。

〔図表Ⅳ－５〕所得分散による節税効果

現状の税負担額 （千円）

	Aさん
不動産所得	40,000
課税所得	39,620
所得税	13,052
住民税	3,962
合計税額	17,014

(注1)所得控除は基礎控除38万円のみ考慮している(以下も同様)
(注2)賃貸ビルは簿価で移転し売却損益は生じていない
(注3)法人移転後も収入・経費は一切変わらない前提で計算している

年間7,031千円の節税が可能 !!

所得分散後の税負担額 （千円）

	Aさん	妻B	長女C	法人	合計
役員報酬または税引前利益	15,000	5,000	5,000	15,000	40,000
給与所得控除	▲ 2,450	▲ 1,540	▲ 1,540	—	—
課税所得	12,170	3,080	3,080	15,000	33,330
所得税	2,480	210	210	—	2,900
住民税	1,217	308	308	—	1,833
法人税等（35%）	—	—	—	5,250	5,250
合計税額	3,697	518	518	5,250	9,983

　このように「不動産の法人所有化」を通じて「所得分散」を行うことで、年間 700 万円の節税が見込めます。

　ただし留意点がいくつかあり、実際に不動産を移転する際には慎重な検討が必要となります。

　1 つ目の留意点は、不動産を法人に移転する場合には建物のみを移転することが多いことです。なぜなら、土地まで法人に移転すると法人での資金繰りが苦しくなることが多く、土地については個人で所有しておいたほうが、相続時に小規模宅地の特例（貸付事業用宅地として 200㎡まで 50％）を使えるため有利だからです。

　また、地代の支払は土地の固定資産税評価額の 2 〜 3 倍を支払う必要があります。この金額より低いと使用貸借とみなされて小規模宅地の特例が使えない恐れがあり、高い地代の支払では土地所有者の税負担が重くなるためです。

　さらに「土地の無償返還に関する届出書」を必ず税務署に提出しましょう。提出を忘れると、法人側で借地権の贈与を受けたものとして課税されるリスクがあります。

　2 つ目の留意点は、建物の売却価額と借入残高の関係です。事例では借入残高は 5 億円（20 億円 $\times \frac{10 \text{年}}{40 \text{年}}$）、法人への建物売却額は簿価 8 億円（20 億円 $\times \frac{20 \text{年}}{50 \text{年}}$）と想定しています。このように売却金額で借入金を返済できればよいのですが、建物を低い価額でしか評価できず、売却代金では借入金の返済ができない場合には当該スキームは成立しません。

　3 つ目の留意点は、建物を法人に売却した個人は相続財産が膨らむ、ということです。これは、個人が建物を所有している場合には固定資産税評価額で評価されますが、個人から法人への建物売却は時価（通常は固定資産税評価額より高い）で行うためです。すなわち、建物売却により固定資産税評価額より大きな金額の現金に資産構成が変化します。

　4 つ目の留意点は、不動産の移転にはコストがかかることです。

主に不動産取得税と登録免許税の負担です。また、消費税の負担や、法人での金利負担も考慮する必要があります。よって、実際の不動産移転に際しては専門家の精緻なシミュレーションが欠かせません。

　このような留意点を解決することで「不動産所有法人の活用」は大きな節税効果を生むのですが、Ａさんには新たな悩みが生じます。それは不動産所有法人を株式会社で設立した場合の株価です。当初は借入金があるため株価は低く抑えられますが、借入金の返済にともない、将来的には株価の上昇が予想されます。この対策として株式会社の出資者を子にすることが考えられます。

　しかし、今度は子が株価対策に悩むこととなるでしょう。そこで今回の事例では、不動産所有法人を一般社団法人で設立することとしました。一般社団法人であれば、出資持分の概念がないため、不動産所有法人の相続税対策に悩む必要がなくなるからです（ただし、建物の譲渡は適正な時価で行う必要がある）。

　さらに、今回は不動産所有法人にて将来の役員退職金支給に備えるため生命保険に加入してもらいました。不動産を個人所有していれば役員退職金の支給はできませんが、法人所有とすることで、役員退職金の支給メリットも得られるためです。加えてＡさん個人でも賃貸ビル売却により手元に残る３億円（売却額８億円－借入返済５億円）の現金の一部を利用して、生命保険に加入してもらいました。これにより、相続税の非課税枠1,000万円（500万円×２人）を活用した将来の相続税の節税を行ったうえで、相続税の納税資金を確実に準備することが可能となりました。

提案の効果

Ａさん	・所得税の節税が可能となった。 ・賃貸ビルの売却により、老後資金として十分な現金を手にすることができた。
妻Ｂと長女Ｃ	・賃貸ビルの相続税対策が不要となった。 ・Ａさんの相続税の心配も、生命保険によりカバーされた。
金融機関	・賃貸ビル移転のため、一般社団法人へ８億円の融資を行った。 ・Ａさん個人と法人の双方で生命保険の加入につながった。

② M&Aによる株式譲渡資金の有効活用

C A S E

　Aさんは九州で製造業を営むX社の創業者である。X社は売上高5億円、従業員15名の中小企業ではあるが、発明好きのAさんが多くの特許を取得し、ニッチな分野でシェアを獲得しているため業績は安定していた。

　定期訪問した際、Aさんに事業承継の考えを聞いたところ、身近に適当な後継者がいないため、第三者へ株式を売却してハッピーリタイヤしたいとのことであった。ただ、顧問税理士に株価算定してもらったところ「1億円の価値しかない」といわれたため、ハッピーリタイヤは諦めたとのことである。この話をAさんから聞いた際に「様々な特許を持つX社はもっと高い株価がつくのではないか」と考え後日Aさんの了解を得て買手企業を探してみたところ、とある大企業が興味を示した。

　そこで簡易査定を行うとX社株式には4億円の価値があるとのこと。そこから話はトントン拍子に進み、結局Aさんは5億円でX社株式を全て売却した。後日、Aさんからは非常に感謝されるとともに、株式譲渡により手元に入った資金の有効活用についてアドバイスを求められている。

・Aさんは不動産投資に興味がある
・Aさんは築50年の戸建てに妻と同居している（土地と建物はAさんが所有）。
・Aさんには一人娘がおり、結婚して近所のアパートを借りて住んでいる。

事例の分析

　M&Aを考えた場合、実際にいくらで会社が売れるかはわかりません。なぜなら、非上場会社の株価の考え方は様々だからです。おそらく顧問税理士の算定した株価は相続税や贈与税を計算する際に用いる相続税評価額だったのでしょう。一方で買手である大企業はX社の保有する特許に目をつけました。現状は収益を生んでいない特許であっても、大企業の保有する技術と組み合わせれば大きな収益を期待できることもあります。この期待値を反映し、X社の株価には5億円もの評価額がついたのです。いずれにしても、X社と大企業を結びつけるきっかけを作った営業担当者の手柄であることに異論はないはずです。

　そして、株式譲渡後のAさんの手元には税引後で4億円の現金が残ります（税率20％、取得価額はゼロとする）。すなわちAさんは実業家の資産家からキャッシュリッチの資産家となりました。確かに現金のまま置いておくのも1つでしょう。しかし、何も対策を行わず、相続税が課税されることに抵抗を感じる資産家は多いのではないでしょうか。そこで、そのような資産家に対しては不動産活用による資産組み換えの提案が解決策の1つとして有効です。

提案のツボ

・手元資金4億円のうち2億円を賃貸アパートに組み換えることを
　検討する。
・自宅を二世帯住宅に建て替える提案をする。
・老後資金にも配慮する。

提案内容と解説

　今回の事例では、近隣で売りにでていた好立地で築浅の中古賃貸アパート（建物1億円、土地1億円）の取得を勧めるとともに、古くなり使い勝手の悪い自宅を二世帯住宅（予算5,000万円）に建

て替えて娘夫婦と同居する提案を行いました。

　まず、現金を賃貸アパートに組み換えることにより相続税評価額が下がります〔図表Ⅳ-6〕。

〔図表Ⅳ-6〕賃貸物件の相続税評価額

土地　8,000万円×（1-70%×30%×100%）＝6,320万円

(注1)路線価に基づく自用地評価額を時価の8割、借地権割合7割、借家権割合3割、賃貸割合100%とする

8,780万円の
圧縮効果！

建物　7,000万円×（1-30%×100%）＝4,900万円

(注2)固定資産税評価額を時価の7割、借家権割合3割、賃貸割合100%とする

　ただし、賃貸物件の取得には留意が必要です。例えば、空室率が高い、あるいは多額の修繕費が見込まれる等の理由で投資利回りの低い物件です。このような物件は相続税の節税額以上に資金負担が生じる可能性があり、顧客からのクレームにつながりかねません。

　一方、投資利回りの高い物件は手元資金を増やし続けますので、長期的には相続税の節税効果が小さくなります。したがって、手元資金の贈与や賃貸物件の持分の贈与により、相続財産を増やさないアドバイスも長期的には求められることに留意しましょう。

　そして、今回は賃貸アパートの取得に加えて、自宅の建て替えも提案しています。というのもAさんから自宅が古いことへの不満とともに、娘夫婦と同居したいとの希望を聞いていたからです。ポイントはプライベートの重視です。そこで、1棟の建物についてAさん夫婦の居住部分と娘夫婦の居住部分を完全に分けた、完全分離型の二世帯住宅の提案を行いました。この提案は、Aさんはもちろんのこと、親の老後を心配する娘夫婦にもすんなりと受け入れられました。これにより手元の現金が建物に組み替えられ相続税評価額が下がります〔図表Ⅳ-7〕。

〔図表IV－7〕自宅建物の相続税評価額
【二世帯住宅の相続税評価額】

建物　3,500万円

(注)固定資産税評価額を時価の7割とする

1,500万円の圧縮効果！

（時価 5,000万円－1,500万円）

　なお、今回の事例ではAさんが建物建築費用を全て負担し、Aさん単独所有として登記しました。

　ただし、娘夫婦が居住する部分は娘夫婦が住宅ローンにより資金調達し、Aさんと娘夫婦で「区分登記」することも考えられます。この場合、相続税対策という観点ではいかがでしょうか。

　1棟の建物を区分登記するとAさん相続時に小規模宅地の特例が敷地全体に使えず、相続税対策のうえでは不利になる可能性があります。

　したがって、完全分離型の二世帯住宅を建築した場合、特段の理由がなければ区分登記よりも「共有登記」のほうが相続税の負担軽減という観点からは有利であることをアドバイスするとよいでしょう。

　最後になりますが、相続税対策に奔走するあまり、老後の生活資金が枯渇しては本末転倒です。したがって、今回の事例では1億5,000万円を老後の生活資金として手を付けずに残しました。短期的な視点のみでなく長期的な視点からも配慮の行き届いた提案を心がけたいものです。

提案の効果

A さん	・相続財産が1億280万円圧縮された。仮に税率を30％とすれば、3,084万円の節税です。 ・ハッピーリタイヤ、賃貸経営、娘夫婦との同居と夢が叶い、悠々自適の老後となった。
金融機関	・グループ会社で中古賃貸物件の仲介を行った。 ・取引先に二世帯住宅建築の紹介を行った。 ・グループ会社でM&Aの仲介を行うとともに、買手の大企業に対して買収資金5億円の融資を行った。

3 役員退職金を活用した親族内承継

C A S E

　A会長は東京都内で建築業を営むX社の創業者である。A会長は3年前に社長のイスを長男Cに渡しており、長男Cも社長として取引先や従業員の信頼を得たことから、そろそろ自身は役員退職金を貰って引退しようと考えている。

　なお、A会長は自身の財産の承継について、現預金は生活費として妻Bへ、X社株式は会社を継ぐ長男Cへ、自宅の土地・建物は同居する二男Dへ、とする遺言の作成を考えている。

・X社は土木関連の特殊技術を活かし、毎期2億円程度の所得を計上している。

・X社の役員退職金規定に従えば、A会長の役員退職金は3億円である。

・X社の発行済株式数は1,000株であり、株主はA会長のみである。

・X社の現状の類似業種比準価額は1株あたり50万円、役員退職金3億円を支給し所得がゼロとなった場合は10万円の見込みである。

・二男Dは自ら設立したY社の社長であり、X社に入る予定はない。

・A会長が所有する自宅敷地は300㎡あり、路線価評価で1億5,000万円である。

・自宅建物は二世帯住宅（完全分離型）であり、1階はA会長所有で妻Bと同居、2階は二男D所有である。1階と2階はそれぞれ区分所有登記されており、1階部分の固定資産税評価額は2,000万円。なお、A会長及び妻Bは二男Dと生計を一にしていない。

事例の分析

　後継者選びに頭を悩ます経営者は多いですが、幸いなことにＡ会長には優秀な長男Ｃがいました。また、資産承継の方向性もすでに決めており、各相続人への配慮が感じとれる承継案となっています。

　ただし、相続税対策の観点からはいかがでしょうか。確かに遺言でＸ社株式を渡せば争族対策にはなります。しかし、いつ起こるかわからない相続時点の株価予測は困難であり、予想外に高額な相続税の負担を強いられるリスクがあります。ここで、Ａ会長は近々、３億円の役員退職金を受領して退任する考えがあるとのことです。とすれば、一時的に株価が大幅に下がる可能性があり、このタイミングで後継者に株式を移転するアドバイスを考えることがまずは重要です。

　また、Ｘ社株式以外の資産にも節税の余地があります。ポイントは建物登記が区分所有登記となっている点です。このため、現状は自宅敷地を二男Ｄが取得すると「小規模宅地の特例」が使えない状況です〔図表Ⅳ－8〕。

〔図表Ⅳ－8〕現状の相続税額

(千円)

財産の種類	評価額	取得者		
		妻B	長男C	二男D
土地	150,000	—	—	150,000
小規模宅地の評価減	—	—	—	—
建物	20,000	—	—	20,000
現預金	230,000	230,000	—	—
非上場株式	500,000	—	500,000	—
財産合計	900,000	230,000	500,000	170,000
相続税額	229,810	0	171,500	58,310

適用なし

株価が高い

(注1)その他に財産はないものとして計算している
(注2)配偶者の税額軽減を考慮している

　したがって、生前に株式を移転することに対するＡ会長の考え、及び自宅建物を区分所有登記にしている理由をヒアリングしたうえでＡ会長への提案を組み立てる必要があります。

提案のツボ

・役員退職金の支給により一時的に株価が下落したタイミングで相続時精算課税を選択した生前贈与が可能であるか検討する。
・自宅建物の登記を区分所有登記から共有登記へ変更できないか検討する。

提案内容と解説

　今回の事例では役員退職金の支給により１株あたりの株価が10万円に下がったタイミングで、Ａ会長の保有するＸ社株式全てについて相続時精算課税を選択して長男Ｃに生前贈与するとともに、自宅建物の登記を区分所有登記から共有登記に変更する提案を行いました。

　このような提案に至ったのは、事前にＡ会長と次のようなディスカッションを行ったためです。まず、Ｘ社株式を移転するタイミングですが、Ａ会長は今すぐにでも長男Ｃに渡したいが、年間110万円の非課税枠を超える贈与は多額の贈与税負担が生じるため、生前贈与による株式移転を躊躇していました。

　つまり、暦年贈与の理解はあるものの、相続時精算課税の理解はありません。また、自宅建物を区分所有登記にした主な理由は住宅ローンを組む際に金融機関から求められたとのことです。現在はＡ会長も二男Ｄも住宅ローンを完済しているため、区分所有登記にこだわる理由はないとのことでした。

　以上を踏まえて、まずは相続時精算課税の活用です。ねらいはＡ会長相続時のＸ社株式の評価額を１株あたり10万円に固定することにあります。

つまり、遺言でX社株式を長男Cに渡すと1株あたり50万円（臨時損失がなければ現在の株価が維持される前提）で相続税が計算されますが、相続時精算課税を選択して生前贈与を行うと、1株あたり10万円で相続税が計算されるということです。相続税評価額で見れば5億円（@50万円×1,000株）が1億円（@10万円×1,000株）となるわけですから節税効果としては申し分ありません。

　また、念のために1株あたり10万円で、暦年贈与した場合と相続時精算課税を選択して贈与した場合、それぞれの税額と比較すると**図表Ⅳ-9**のようになります。

〔図表Ⅳ-9〕**税負担額の比較**

【相続時精算課税を選択して贈与】

当初の贈与税→（100,000,000円−25,000,000円）×20%＝15,000,000円
事後の相続税→7,421,000円
合計での税負担額⇒15,000,000円＋7,421,000円＝22,421,000円

> 暦年贈与より
> 25,574千円有利！

【暦年贈与（特例贈与に該当）】

贈与税→（100,000,000円−1,100,000円）×55%−6,400,000円＝47,995,000円

　このように大きな節税効果を期待できる相続時精算課税ですが、X社の業績が悪化し株価が10万円未満に下落することがあれば不利になること、一度選択すると当該贈与者からの贈与は暦年贈与を使えないこと、株式の贈与は特別受益に該当するため遺留分への配慮が欠かせないことの十分な説明が必要です。

　さらに今回の事例では自宅建物の登記を区分所有登記から共有登記へと変更する提案を行っています。ねらいは「小規模宅地の特例」を最大限に活用することです。まず現状を整理すると、自宅建物が区分所有登記されているため、自宅敷地300㎡はA会長の居住の用に供されている宅地部分と、二男Dの居住の用に供されている宅地部分に分かれます。

　このうち二男Dは A会長と生計を一にしていないため、特例の適用対象となる敷地は A会長の居住の用に供されている宅地部分のみとなります。

　仮に自宅建物の床面積が1階と2階で同じであれば、自宅敷地300㎡の半分である150㎡が特例の適用対象となる敷地です。この敷地を二男Dが取得する予定ですが、特例の適用要件を満たすためには二男Dは A会長と同居している必要があります。

　ここで同じ二世帯住宅に住んでいれば一般的には同居といえるため、特例の要件を満たすと思われるかもしれません。しかし、税務上は区分所有登記がなされた二世帯住宅は、区分所有毎に別々の建物に住んでいると考え、同居とは考えません。

　よって、このままでは二男Dは別居扱いとなり、「小規模宅地の特例」の適用は受けられないのです。自宅敷地の最大330㎡まで8割評価減となる特例が使えるか否かは、特に路線価の高い住宅街に住む資産家の相続税額に大きな影響を与えます〔**図表Ⅳ－10**〕。

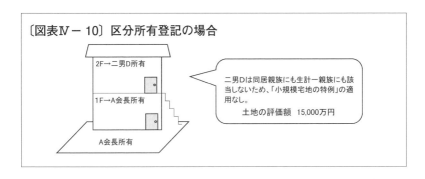

〔図表Ⅳ－10〕区分所有登記の場合

2F→二男D所有

1F→A会長所有

A会長所有

二男Dは同居親族にも生計一親族にも該当しないため、「小規模宅地の特例」の適用なし。
　土地の評価額　15,000万円

　ではどのようにすれば特例の適用を受けることができるのかというと、建物の登記を区分所有登記から共有登記に変更すればよいのです。共有登記に変更することで、税務上は完全分離型の二世帯住宅を1つの建物と考えます。よって、A会長の居住の用に供されている宅地は自宅敷地全体の300㎡となり、さらに二男Dは同じ建

物に住む同居親族となります〔**図表Ⅳ－11**〕。

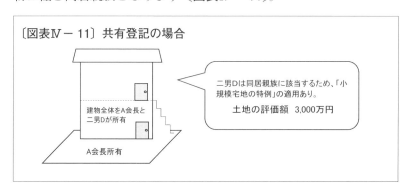

〔**図表Ⅳ－11**〕共有登記の場合

二男Dは同居親族に該当するため、「小規模宅地の特例」の適用あり。
土地の評価額　3,000万円

建物全体をA会長と二男Dが所有

A会長所有

　金融機関からの借入れを返済した今であれば、区分所有登記を共有登記に変更することは、それほど難しくはなく、また節税効果も大きいアドバイスとなります。オーナー経営者に対するアドバイスは株式に目が行きがちですが、その他の個人資産にもアドバイスの余地はないのか、常に考えましょう〔**図表Ⅳ－12**〕。

〔**図表Ⅳ－12**〕対策後の相続税額

（千円）

財産の種類	評価額	取得者		
		妻B	長男C	二男D
土地	150,000	—	—	150,000
小規模宅地の評価減	▲ 120,000	—	—	▲ 120,000
建物	20,000	—	—	20,000
現預金	230,000	230,000	—	—
非上場株式	100,000	—	100,000	—
財産合計	380,000	230,000	100,000	50,000
相続税額	42,599	8,968	22,421	11,210

適用あり

圧縮効果

（注1）その他に財産はないものとして計算している
（注2）配偶者の税額軽減を考慮している
（注3）相続時精算課税を選択したことによる贈与税額1,500万円は、簡便的に相続税額に含めている

提案の効果

A 会長	・争族対策のみでなく、相続税対策も行うことができた。
金融機関	・アドバイスについて非常に感謝されるとともに、役員退職金支給額相当３億円の融資につながった。

■4 後継者の資金負担なし、MBOのススメ

　製造業を営むX社の社長であるAさんは、創業時より積極的な事業展開を行い、X社を年商10億円の会社にまで育てた。X社の技術力は高く、今後も業績は安定して推移する見込みである。ただ、70歳を過ぎた頃から健康面での不安があり、そろそろ自身は引退してもよい時期では、と考えている。

　なお、Aさんには一人息子Bがいるが、商社マンとして活躍しており、X社を引き継ぐ気はない。

　そこでAさんは親族関係にないC専務を後継者にしたいと考えているが、C専務にはX社株式を買い取る資金力がないため悩んでいる。

・X社の時価総額（法人税法上の時価）：2億円

　　　　　　　　　　　　　　　　　株主はAさんのみ

・Aさんの家族構成　　　　　　　：妻（3年前に死去）

　　　　　　　　　　　　　　　　　息子B

・Bさん（持家なし）の家族構成等　：妻、長女（6歳）

　　　　　　　　　　　　　　　　　二女（4歳）

事例の分析

　Aさんのように子が会社を継がないケースが増えています。おそらく中小企業の経営者として資金繰り等に苦労する親の背中を見て育った子は、大企業で安定した会社員生活に憧れることも多いからでしょう。ある意味で仕方のないことです。幸いなことにAさんには後継者として相応しいC専務がいます。C専務への事業承継を考えると、親族外への承継となる点がポイントです。

　この場合、自社株式の移転に際して相続時精算課税を選択した贈与は行えませんし、譲渡による場合も後継者個人では買取資金を調達できないケースが多くあります。

　したがって、資金力に乏しい後継者にいかにして自社株式を移転するか、をまずは考える必要があります。

提案のツボ

・X 社の業績が好調であるならば、C 専務が出資した法人（以下、「Y 社」という）による MBO で円滑な事業承継ができないかを検討する。

・仮に MBO の提案をするのであれば、X 社株式を売却することで手元に残る現預金への相続税対策を併せて提案する。

提案内容と解説

　今回の事例では、C 専務の出資法人が A さんより X 社株式を買い取る MBO の提案に加えて、X 社株式の売却により A さんの手元に残る現預金については、教育資金と住宅取得資金、2 つの非課税贈与の活用により相続税対策を行うことを提案しました。

　まずは MBO の提案ですが、ポイントは X 社の業績です。なぜなら C 専務が新たに設立する Y 社は、金融機関からの借入れにより X 社株式を買い取りますが、Y 社自体は事業を行っていないことから、X 社から Y 社に対する配当が借入の返済原資となるためです。

　したがって、X 社の業績が悪く、十分な配当の見通しが立たない場合には MBO による事業承継は成立しません。今回の事例では X 社の業績は安定しており、配当により Y 社での返済原資が十分に確保できる見込みです〔図表Ⅳ－ 13〕。

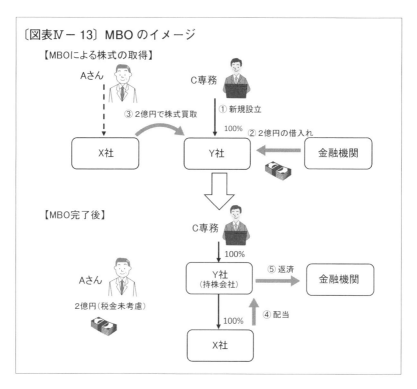

〔図表Ⅳ-13〕MBO のイメージ

【MBOによる株式の取得】

Aさん

C専務

① 新規設立

③ 2億円で株式買取

100%

② 2億円の借入れ

X社 → Y社 ← 金融機関

【MBO完了後】

C専務

100%

Y社
（持株会社）

⑤ 返済 → 金融機関

Aさん

2億円（税金未考慮）

100%

④ 配当

X社

　MBO の結果、X 社株式を売却した A さんの手元には 2 億円が入ります。このうち 2 割（所得税 15％・住民税 5％）は税金として後日納める必要があり、実際の手取額は 1.6 億円です。この現預金は何も対策をしないと A さんの相続時に全額が相続財産として相続税の対象となります。特に A さんは配偶者をすでに亡くしており、いわゆる二次相続に該当するため配偶者の税額軽減もありません。

　そこで、生前贈与により相続財産を減らせないか検討することが重要です。今回の事例では A さんの今後の生活費や相続税の納税資金等を考慮しても資金に余剰が生じる状況であり、一方、息子 B は娘 2 人のために教育資金が必要で、かつ、手狭になった賃貸住宅からマイホームに移りたいと考えていました。

　そこで、Aさんから孫2人へ教育資金の一括贈与3,000万円と、Aさんから息子Bへ住宅取得資金の非課税贈与1,500万円を行う提案をしました。非課税贈与の要件については、すでに解説済ですので、提案時のポイントのみ解説します。

　教育資金については扶養義務者であるAさんが、必要なつど、孫たちの教育資金を負担する方法もあります。ただ、Aさんの場合は健康上の不安があるため一括贈与の提案がベターです。

　なぜなら、要件を満たした教育資金の一括贈与は、贈与した時からAさんの相続財産から切り離されるからです。

　よって、Aさんから孫1人あたり1,500万円（非課税贈与の限度額）の一括贈与を行うことで、贈与した時から3,000万円は相続税の対象外となります。

　ただし、孫が30歳までに1,500万円を使い切れなかった場合には、30歳となった孫は残額に対する贈与税を納付しなければならず、この点に十分な留意が必要です。

　また、要件を満たした住宅取得資金の非課税贈与も、贈与した時からAさんの相続財産から切り離される点で同じです。ただし、適用年度によって非課税となる限度額が大きく異なるため留意が必要です。

　なお、当該非課税贈与は住宅取得のための資金を贈与する必要があります。したがって、Aさんが物件を購入して贈与する場合や、息子Bが住宅ローンを組んで物件を購入した後にローンの返済をAさんが肩代わりする場合には贈与税は非課税とはなりません。

提案の効果

A さん	・換金性の乏しい X 社株式を現金化できた。 ・非課税贈与により相続財産を 4,500 万円圧縮できた。相続税の税率を仮に 40％ だとすれば1,800万円の節税となる。
息子 B	・贈与税の負担なく娘 2 人の教育資金と住宅取得の頭金を確保できた。
C 専務	・個人での資金負担なく間接的に X 社の 100％ 株主になれた。
金融機関等	・X 社株式の買取資金として Y 社に 2 億円の新規融資が行えた。 ・教育資金の一括贈与を引き受けたため、新規の預金 3,000 万円を獲得できた。 ・B さんへ住宅ローンの融資を行うとともに、グループ会社で土地・建物の仲介を行った。

5 会社を分けて争族対策

C A S E

　X社は食品小売事業とフィットネス事業を営む地元の有力企業である。当初は食品小売事業しか手がけていなかったが、店舗撤退後の遊休地でフィットネスクラブを手がけたところ、想定以上に反響があり、現在はフィットネス事業も食品小売事業と同じくらい業績に貢献している。

　このように事業は好調なX社であるが、社長のAさんには悩みがあった。それは食品小売事業を任せている長男Bとフィットネス事業を任せている二男Cの仲が悪いことである。そのため、AさんはX社の後継者を決めかねており、株式の移転にも手をつけていない。

・X社の株主は創業者であるAさんのみ
・食品小売事業とフィットネス事業に業務上の関連はない
・Aさんの家族は長男Bと二男Cのみ。妻とは10年前に離婚している。

事例の分析

　Aさんの願いは、息子2人が仲良くX社を経営することですが、現実には難しいことをAさんもわかっています。このような状況でAさんが何も対策を行わずに亡くなった場合、X社株式の取得をめぐる遺産分割協議の場で、長男Bと二男Cによる骨肉の争いが繰り広げられることが容易に想像できます。このような争いを防ぐために遺言を残すことは有効ですが、安易に長男Bと二男Cの取得割合を2分の1ずつとすれば、さらに泥沼にはまり込む恐れがあります。

　なぜなら、定款変更や合併等の重要事項を単独で可決するには議

決権の３分の２以上を保有していることが条件だからです。最悪、会社にとって重要な事項の決議を長男Ｂか二男Ｃのいずれかが常に反対する、何も決められない会社となるでしょう。よって、今回の事例のポイントは「争族対策」と「会社経営の安定化」です。

　幸いなことに、Ｘ社には２つの事業があり、長男Ｂと二男Ｃはお互いの事業に関与することはなく、業務上も特段のシナジー効果は見られません。とすれば、そもそもＸ社という１つの会社で事業を行うことにとらわれず、事業毎に会社を分けるという柔軟な発想も必要です。

提案のツボ

・Ａさんの生前に会社分割を行い、事業ごとに会社を分けることができないか検討する。
・争族対策として遺言書の作成をあわせて提案する。

提案内容と解説

　今回の事例ではＡさんの生前に会社分割（分割型）を行い、Ｘ社を、食品小売事業を行う甲社と、フィットネス事業を行う乙社に分ける提案を行いました。加えて、甲社株式は長男Ｂ、乙社株式は二男Ｃが取得する、という内容の公正証書遺言の作成を提案しました。

　まずは分割型の会社分割ですが、相続人間で争いが想定される場合に、１つの会社を２つに分ける方法として有効です。会社分割のメリットは対価が株式であることから、付随費用を除いては現金が不要であることでしょう。

　また、税務上の適格要件を満たした会社分割は納税が発生しない点もメリットとなります。このように取得対価や納税資金の調達を考慮しなくてもよいため、オーナー経営者には比較的受け入れられやすい対策です。

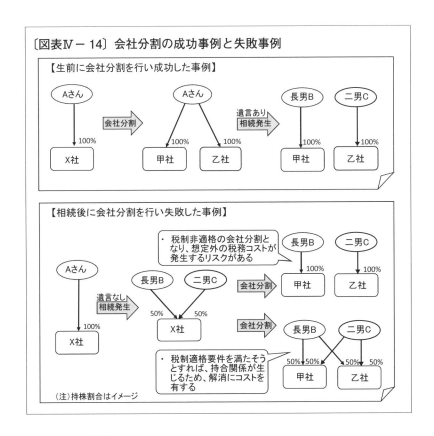

〔図表IV－14〕会社分割の成功事例と失敗事例

【生前に会社分割を行い成功した事例】

【相続後に会社分割を行い失敗した事例】

・税制非適格の会社分割となり、想定外の税務コストが発生するリスクがある

・税制適格要件を満たそうとすれば、持合関係が生じるため、解消にコストを有する

(注)持株割合はイメージ

　ただし、争族対策として会社分割を行う場合、Aさんの生前に実行する必要があります。

　なぜなら、Aさん相続後のX社株主は長男Bと二男Cになりますが、この状態で会社分割を行うことは税務上不利（非適格株式分割）な結果となる、あるいは株主整理にコストを要する結果となるからです〔図表IV－14〕。

　また、会社分割によりX社を甲社と乙社の2社に分けたのみでは、「争族対策」と「会社経営の安定化」という課題を解決することはできません。この点を解決するためには遺言書の作成が不可欠です。

すなわち、遺言により食品小売事業を営む甲社株式は長男Bが取得し、フィットネス事業を営む乙社は二男Cが取得するよう決めておくことで会社株式についての相続争いは生じません。また、長男Bと二男Cともに各社の100％株主になるので、お互いの事業に専念して安定した経営を行うことが可能です。

ただし、遺留分には注意しましょう。現状は甲社と乙社の株式価値に大差がなくとも、遺留分の計算は相続時点で行うため、今後の両者の業績次第では株価に大きな違いが生じることもあり得ます。

提案の効果

Aさん	・生前に争族対策を終え、事業承継の悩みから解放された。今は甲社と乙社の会長として悠悠自適の生活を楽しんでいる。
長男Bと二男C	・別会社でそれぞれ代表取締役に就任した。お互いに距離ができたことが幸いしたのか、以前ほど兄弟の仲は悪くない。
金融機関	・グループ会社で会社分割のコンサルティングを行った。 ・Aさんの作成した遺言の執行者に指名された。

6 持株会社への不動産集約

C A S E

　A社長は関西で卸売業を50年営むX社の創業者である。A社長は勝ち気な性格の持ち主で、創業時より積極的に販路を拡大し、また近年は積極的にM&Aを行ってきた。その結果、X社グループは100％子会社3社、全従業員数300名にまで成長している。このように業績好調なX社グループだが、A社長はまだ経営改善の余地があると考えていた。というのも、積極的なM&Aを行ったため、グループ内で物流拠点地域に重複が生じており、物流拠点の統合や集約によりコスト削減が見込めるからである。そこでA社長よりX社グループでどのように不動産（物流拠点）を保有すればよいかアドバイスを求められた。なお、A社長は自身の年齢（75歳）も考慮して、不動産移転にともなう株価への影響も気になるとのことである。

・子会社3社が保有する物流拠点の時価は建物5億円（含み益なし）、土地10億円（含み益5億円）
・X社の物流拠点の土地はA社長が個人で保有し、時価は6億円である
・A社長の一人息子であるBがX社の専務であるが、後継者と決まっているわけではない
・X社の発行済株式数は10万株、株主はA社長のみである
・X社は大会社だが、株式保有特定会社に該当し、1株あたりの相続税評価額は純資産価額で10,000円である（類似業種比準価額は1,000円）
・X社の財務内容（相続税評価額）は次のとおり。なお、含み損益はないものとする。

X 社の財務内容（相続税評価額）

資産		負債	
その他資産　　5億円		その他負債　10億円	
子会社株式　　15億円		純資産	
（株式保有割合　75%）		10億円	

事例の分析

　どうやら A 社長は事業の拡大に邁進するあまり、自身の相続や事業承継の対策については先送りしてきたようです。そのため、X 社は株式保有特定会社に該当し、株価が非常に高額となっています。

　仮に株式保有特定会社でなければ、類似業種比準価額を使えるため株価は 10 分の 1 となりますが、A 社長はまだそのことに気づいていません。

　したがって、この実情を意識して提案を組み立てることが本事例のポイントです。

　ただし、安易に資産を増やして株式保有割合を下げた場合、税務上は認められないリスクがあります。このようなリスクを回避するため、資産の取得に対しては経営判断の合理性が必要となるでしょう。

　この点、X 社グループでは各社が保有する物流拠点の重複が経営課題になっているので、当該経営課題を解決するための不動産移転であれば、合理的な経営判断といえそうです。また、不動産の移転は含み益に対する課税負担から躊躇するケースも多いのですが、100％の持株関係があるグループ会社間では課税の繰り延べ制度があることに気づけるかもポイントです。

提案のツボ

・子会社3社の保有する物流拠点をグループ法人税制の活用により
　X社に移転できないか検討する。
・A社長個人で所有する物流拠点については移転の時期を慎重に検
　討する。

提案内容と解説

　今回の事例ではグループ法人税制を活用してX社が子会社の保
有する物流拠点を買い取る方法を提案しました。一方、A社長が個
人で所有する物流拠点はX社の資金繰りを考慮して現時点での買
取は行わず、相続後に「取得費加算の特例」を活用してX社が買
い取る方法を提案しています。

　まずはグループ内に散在する物流拠点をどのように保有するかで
すが、今回のようなケースでは一社で一元管理することが効率的と
考えられます。そのうえで、グループの司令塔であり、物流拠点の
運用ノウハウを最も有しているX社に物流拠点を集約することが
合理的な判断であり、かつ、最もコスト削減効果が見込めました。

　したがって、方向性としてはグループの物流拠点をX社に集約
することとしています。

　そのうえで、100％子会社から物流拠点を買い取る場合にはグ
ループ法人税制の活用が可能です。物流拠点のうち土地には5億円
の含み益があるため、時価で譲渡すると通常は多額の法人税等が生
じます（仮に実効税率を35％とすると、5億円×35％＝1.75億
円！）。しかし、X社は各子会社の株式を100％保有しているため、
X社と子会社との取引はグループ法人税制の適用対象となり、土地
の譲渡にともなう含み益5億円に対する課税は行われません。

　すなわち、子会社からX社への物流拠点の移転は無税で行うこ
とが可能なのです。ただし、移転する資産が含み損を有している場
合、損失も強制的に繰り延べ対象となり、節税効果を得られない点

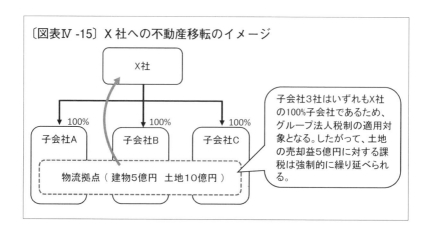

〔図表Ⅳ-15〕X社への不動産移転のイメージ

X社

子会社A ← 100%
子会社B ← 100%
子会社C ← 100%

物流拠点（建物5億円　土地10億円）

子会社3社はいずれもX社の100%子会社であるため、グループ法人税制の適用対象となる。したがって、土地の売却益5億円に対する課税は強制的に繰り延べられる。

には留意が必要です〔**図表Ⅳ－15**〕。

　一方で、A社長が個人で有している物流拠点をX社に時価で移転した場合にはグループ法人税制の適用はありません。なぜなら、グループ法人税制は法人間の取引が対象であり、個人と法人の取引は対象外だからです。

　よって、現時点での譲渡は多額の税負担が生じること、および、X社の資金繰りを考慮して見送ることとしました。なお、将来X社の資金繰りに余裕ができた場合には買取も考えられますが、タイミングとしてはA社長の相続後3年10ヶ月以内での買取が最適ではないでしょうか。なぜなら、相続税の一部を譲渡経費に算入する「取得費加算の特例」が使えるからです。この特例は、売却先に制限はありませんし、また、売却代金の使途も問われないため、使い勝手のよい制度です。

　最後にA社長も心配する不動産移転による株価への影響ですが、結果として株式保有割合が50％未満となり類似業種比準価額が使えるようになったため株価は大幅に下がることとなりました〔**図表Ⅳ－16**〕。

〔図表Ⅳ－16〕不動産移転後のX社の財務内容

資産		負債	
その他資産	5億円	その他負債	10億円
建物	5億円	借入金	15億円
土地	10億円		
子会社株式	15億円	純資産	
（株式保有割合 75%→43%）			10億円

株式保有割合が50%未満となったため、類似業種比準価額（@1,000円）のみで評価が可能となった。

提案の効果

X社グループ	・物流拠点の集約により、年間数千万円の経費削減効果が得られた。
A社長	・経営合理化のためにX社に不動産を集約したところX社の株価が10分の1となった。
金融機関	・X社が物流拠点を買い取る資金として15億円を新規に融資した。

❼ 株主整理と事業持株会社の活用

CASE

　Aさんは情報通信機器のリース業を営むX社の社長である。X社は40年前にAさんが600万円、友人の甲さん（副社長）が400万円を出資して設立した。その後、紆余曲折あったものの順調に業績は拡大している。

　このように、業績好調なX社であるが、Aさんには悩みがある。それは昨年に甲さんが交通事故で急逝し、新たに株主となった甲さんの相続人が何かにつけてAさんの会社経営に口出し、うんざりする毎日を過ごしていることである。Aさんは多少のコストはやむを得ないとしても、株主の整理を強く望んでいる。

　また、Aさんは折角の機会なので、グループ会社であるY社株式の整理も考えている。具体的にはY社は情報通信機器の製造販売を行っており、主な納入先はX社である。とすれば、AさんとしてはY社がX社の子会社となるほうが経営管理面でもよいとこと。

　しかし、Y社株式の買取りには多額の資金が必要であり、仮に売却した場合にAさんの相続財産が増えると顧問税理士からアドバイスを受けていたため、実行には至っていない。

X社	・年間の売上が20億円を超えるため、大会社に該当する。 ・リース事業の他にリース資産管理用のソフトウェアの製造販売を行っている。ソフトウェア事業の売上規模は小さいが、利益率が高いため、X社の利益の大半は当該事業による。 ・資本金等1,000万円。発行済株式数1,000株（Aさん600株、甲さん相続人400株）。 ・1株あたりの法人税法上の時価60万円。
Y社	・会社規模は中会社(小)に該当。発行済株式数は1,000株(Aさん1,000株)。 ・1株あたりの相続税評価額40万円。

事例の分析

　相続人が取得したX社株式について、相続人より適法に名義書換請求されると、X社は拒むことができません。このような事態を想定して事前に対策を取ることも考えられますが、今回の事例では甲さんが不慮の交通事故で急逝しているため、対策を練る時間もなかったのでしょう。そして大きな問題はAさんの持株比率が60%しかないということです。すなわち、Aさんは議決権の3分の2を有していないため、会社の重要事項について単独で決めることができません。このまま甲さんの相続人との関係が悪化すると、会社経営が不安定となるリスクが大いにあります。このことを危惧してAさんは株主の整理を望んでいるのでしょう。

　ただし、株主の整理には多額の資金が必要となるケースが多く、また、株主との交渉も必要です。したがって、誰がどのタイミングで買い取るのかがポイントとなります。また、Aさんはグループの再編を考えていますが、資金調達がネックとのことです。確かにグループの再編は現金を対価に行うこともありますが、株式を対価に行う方法も最近では多くなりました。

　したがって、株式を対価にY社をX社の子会社にする方法を検討し、当該方法の実行により相続財産が大きく増えなければ、Aさんが経営管理面から望ましいと考えるX社グループに再編することが可能となります。

提案のツボ

・甲さんの相続後3年10ヶ月以内であることから、「みなし配当の特例」を活用し、X社が金庫株として株式を相続人から買い取れないか検討する。
・X社が株式交換によりY社を100%子会社にできないか検討する。
・X社のソフトウェア事業を会社分割により子会社化できないか検討する。

提案内容と解説

　今回の事例では X 社が甲さん相続人より株式を金庫株として取得し、その後、株式交換により X 社が Y 社を 100% 子会社とする提案を行いました。さらに、X 社のソフトウェア事業も分社型の会社分割により X 社の 100% 子会社（以下、Z 社）とする提案を行っています。当該提案の流れは**図表Ⅳ－17**のとおりです。

　まず、株主整理のために甲さん相続人より X 社株式を買い取る必要があります。では誰が買い取るかですが、A さん個人では資金負担が重すぎますし、Y 社で買い取ると後々の再編を考慮すれば資本関係の複雑化が予測されます。

　そこで、今回は X 社が買い取ることとしました。通常であれば株式を発行会社に譲渡する金庫株は、売手である株主側で配当とみなされる金額が生じるため、税務上は不利です。

　しかし、今回は甲さんの相続から 3 年 10 ヶ月以内であり、「みなし配当の特例」を活用すれば配当としての課税ではなく、株式譲渡としての課税（売却益の 20%）で完結するため、甲さんの相続人に税務上不利な点は生じません。この点を A さんにも説明し、株式の買取交渉をしたところ、当初は法人税法上の時価での買取りを甲さんの相続人は主張しましたが、最終的に少数株主の立場であることを勘案し、1 株あたり 40 万円で 400 株の全てを買い取ることができました。

　この時点で X 社の株主も Y 社の株主も A さんのみとなります。このことは、後に行う株式交換が税務上の適格株式交換に該当するか否かに影響を及ぼします。なぜなら、税制適格要件は株主が 1 人（親族等を含む）の場合、最も要件が緩和されているためです。

　次に株式交換ですが、通常は X 社が Y 社株式を取得する対価として X 社株式を発行し、Y 社株主に割当てることで、旧 Y 社株主は新たに X 社株主となります。

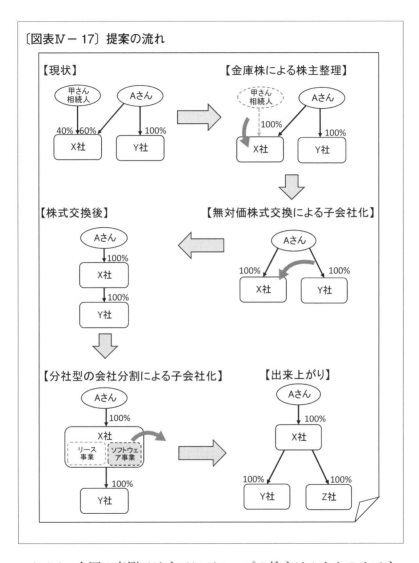

〔図表Ⅳ−17〕提案の流れ

【現状】

甲さん相続人　Aさん
40%　60%　100%
X社　Y社

【金庫株による株主整理】

甲さん相続人　Aさん
100%　100%
X社　Y社

【株式交換後】

Aさん
100%
X社
100%
Y社

【無対価株式交換による子会社化】

Aさん
100%　100%
X社　Y社

【分社型の会社分割による子会社化】

Aさん
100%
X社
リース事業　ソフトウェア事業
100%
Y社

【出来上がり】

Aさん
100%
X社
100%　100%
Y社　Z社

　しかし、今回の事例ではすでにグループの株主はAさんのみです。ということは、もともとX社の100％株主であるAさんに追加で株式を発行し割当しても、100％株主であることに変わりありませ

ん。このようなケースでは従来、株式を追加発行しない無対価株式交換が実務上行われることがありましたが、税務上の適格要件を満たすのか否か明確ではありませんでした。この点、平成22年度の税制改正において、今回のケースのような無対価株式交換は税制適格要件を満たすことが明確になっています。

　よって、今回の事例では手続きの簡便な無対価株式交換を行うこととしたため、株式交換によりX社の発行済株式が増えることはありません。そして、株式交換の前後でのAさん保有株式の相続税評価額をイメージで示すと、**図表Ⅳ－18**になります。

〔図表Ⅳ－18〕株式交換が株価に与える影響のイメージ

【株式交換前の株価】

$$400円 \times \frac{\frac{配当}{4} + \frac{利益}{12} \times 3 + \frac{純資産}{10}}{5} \times 0.7 \times \frac{10,000株^{※}}{50} = 560,000円$$

※(資本金等1,000万円—自己株取得による資本金等減少額400万円)÷(1,000株—自己株式400株)＝10,000株

【株式交換後の株価イメージ】

$$400円 \times \frac{\frac{配当}{4} + \frac{利益}{12} \times 3 + \frac{純資産}{10}}{5} \times 0.7 \times \frac{10,000株}{50} = 560,000円$$

・　株式交換はX社の配当と利益に影響しません。よって、資本金等（純資産）の増加がないとの前提に立てば株価は変わらない。
・　類似業種比準価額を計算する際の純資産は税務上の簿価ベースであるため、Y社株式の含み益が反映されることはない。

(注)株価イメージをより明確にするため、便宜的に資本金等の増加はないものとしている。現実にも創業時より株式を保有し続けているケース等は、設立時の出資額相当しか資本金等が増加しないため、株価総額に大きな影響を及ぼさない場合が多い。

　さらに今回はソフトウェア事業を子会社化する提案を行いました。これは、リース事業の損益がソフトウェア事業の利益に埋もれてしまい、経営が非効率となっているとAさんから聞いていたためです。事業毎に別会社とすることで責任と成果が明確になるため、経営の効率化が期待できます。ではどのような形で別会社することが望ましいでしょうか。**図表Ⅳ－19**の2パターンが考えられます。

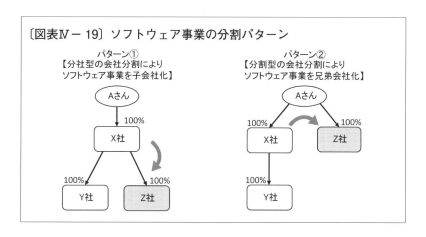

〔図表IV－19〕ソフトウェア事業の分割パターン

パターン①
【分社型の会社分割により
ソフトウェア事業を子会社化】

Aさん

100%

X社

100%　　　　　　100%

Y社　　　　　Z社

パターン②
【分割型の会社分割により
ソフトウェア事業を兄弟会社化】

Aさん

100%　　　　　　　　100%

X社　　　　　　　　Z社

100%

Y社

　今回はAさんの将来における相続も想定し、分社型の会社分割（パターン①）を提案しています。これは、Z社の販売するソフトウェアはリース資産管理用であり、X社のリース事業とも関連するため、X社と資本関係を持ったほうがよいと判断したためです。さらに、ここでのポイントは会社分割後もX社のリース事業にかかる売上は20億円を超える見込であることから、X社は大会社に該当する点です。この場合、X社株式の評価は引き続き類似業種比準価額のみで行えると予想されます。

　したがって、会社分割によりX社から高収益部門であるソフトウェア事業が切り離されると、X社の利益は大きく減少するため、X社の株価は大きく下がります〔**図表IV－20**〕。

〔図表Ⅳ－20〕分社型の会社分割が株価に与える影響のイメージ

【会社分割前の株価】

$$400円 \times \frac{\overset{類似業種の株価}{}\ \ \overset{配当}{4} + \overset{利益}{12} \times 3 + \overset{純資産}{10}}{5} \times 0.7 \times \frac{10,000株^{※}}{50} = 560,000円$$

※(資本金等1,000万円—自己株取得による資本金等減少額400万円)÷(1,000株—自己株式400株)＝10,000株

【会社分割後の株価イメージ】

$$400円 \times \frac{\overset{類似業種の株価}{}\ \ \overset{配当}{4} + \overset{利益}{2} \times 3 + \overset{純資産}{10}}{5} \times 0.7 \times \frac{10,000株}{50} = 224,000円$$

・ソフトウェア事業の利益が反映されなくなるため、株価は下がる。
・類似業種比準価額を計算する際の純資産は税務上の簿価ベースであるため、Z社株式の含み益が反映されることはない。

(注)株価イメージをより明確にするため、便宜的に資本金等・発行済株数・純資産に変動がないものとしている。実際に会社分割を行う場合には当該変動を加味して株価計算を行う必要がある。

　一方、分割型の会社分割を選択した場合にはX社株式とZ社株式の両方が相続財産となってしまいます〔**図表Ⅳ－21**〕。

〔図表Ⅳ－21〕会社分割の方法が相続財産に与える影響のイメージ

パターン①
【分社型の会社分割によりソフトウェア事業を子会社化】

Aさん
↓ 100%
X社
↓ 100%　　↓ 100%
Y社　　Z社

Aさんの相続財産はX社株式(@224千円×600株＝134,400千円)となる。

パターン②
【分割型の会社分割によりソフトウェア事業を兄弟会社化】

Aさん
↙ 100%　　↘ 100%
X社　　Z社
↓ 100%
Y社

Aさんの相続財産はX社株式(@224千円×600株＝134,400千円)とZ社株式(仮に@100千円×1,000株＝100,000千円とする)の合計となる。

　ただし、分社型の会社分割を行った後、X 社は Y 社と Z 社の 2 社の株式を保有するため、株式保有特定会社に該当する可能性が高まります。この点は事前に十分な検討が必要です。

　また、会社分割により X 社の業種が変更されるケース等では、一時的に類似業種比準価額が使えず、純資産価額で評価すべきとする意見もあるため、実際の提案に際しては専門家を交えた入念な検討が必要です。

提案の効果

A さん	・個人での資金負担なく株主（甲さん相続人）の整理が行えた。 ・相続財産を増やすことなく、グループ再編が行えた。
金融機関	・金庫株の取得資金として 1.6 億円（40 万円×400 株）の新規融資につながった。 ・グループ会社で株式交換と会社分割のコンサルティングを行った。

⑧ リース商品を活用した株価対策

CASE

　Aさんは箱根で旅館業を営むX社の社長である。X社はAさんの夫が創業した会社であるが、夫亡き後はAさんと一人息子Bの2人で経営を切り盛りしている。

　一時は経営の苦しかったX社ではあるが、近年は海外からの観光客が急増し経営は順調であり、毎年法人税の節税に頭を悩ませている。なお、Aさんは社長のイスを息子Bに譲ってもよいと考えている。しかし、X社の株価が好調な業績を反映して高いことに加え、株主総会で議決権行使できなくなることに一抹の不安があるため、全株を自身で保有している。

【X社】

・資本金等1,000万円、発行済株式数1,000株、会社規模は大会社である。

・1株あたりの類似業種比準価額は50万円である。なお、所得がゼロの場合10万円となる見込である。

・今期も業績は好調だが、旅館建物の大規模修繕時期であるため、前期よりも最終利益は減る見込である。

事例の分析

　後継者への事業承継は社長のイスを渡すことと、株式の移転、この両方を行う必要があります。このうち、社長のイスを渡すタイミングと比較して、株式の移転は後回しになっているケースが多いのではないでしょうか。

　よくある理由として、株価が高額であるため移転コストも多額になる点が挙げられますが、業績好調な会社であっても不可避的に巨

額の経費が発生し、株価が下がることがあります。今回の事例でも
旅館建物の大規模修繕により最終利益が減少する見込みであるた
め、株価が下がることが予測できます。

　さらに例年、法人税の節税に頭を悩ませていることから、法人税
の節税対策も併せて行えば、さらに株価は下がり、株式を移転する
よいタイミングとなるでしょう。ただし、株式は財産価値のみでは
なく、議決権に基づく経営権としての側面も有しています。

　このため、Ａさんのように株主総会で議決権行使ができなくなる
ことに一抹の不安を抱く場合、またとない株式移転のタイミングを
逸してしまうことがあります。そこで、このような場合には、株式
の財産的な価値のみ息子Ｂに移転し、議決権はなおＡさんの手元
に残すような提案が有効です。

提案のツボ

・法人税の節税と株価対策のためにオペレーティングリースへの出
　資の検討をする。
・株価が下がったタイミングでの相続時精算課税を選択した贈与に
　加えて、信託契約によりＡさんの手元に議決権を留保できない
　か検討する。
・相続税の納税資金対策として金庫株の活用を提案する。

提案内容と解説

　今回の事例ではオペレーティングリースへの出資を提案するとと
もに、株価の下がるタイミングである翌期に、相続時精算課税を選
択した贈与を行うことを提案しました。なお、株式の一部は自己信
託により議決権をＡさんの手元に残すとともに、相続時の納税資
金は金庫株を活用して準備することを提案しています。

　まずオペレーティングリースへ出資を行うことで、計画的な損失
計上が可能となります。出資のタイミングとしても、建物の大規模

修繕により利益水準が低い今期がよいでしょう。なぜなら、それほど多額の出資を行わなくとも、所得をゼロにできる可能性があるからです。事前の試算では、大会社のため類似業種比準価額のみで評価できるＸ社の株価は、1株あたり50万円から10万円に下がる見込ですから、株式移転コストの大幅な削減が期待できます。

　このように一時的に大幅な株価の下落が見込める状況で検討したいのが、相続時精算課税を選択した贈与です。1株あたり10万円に下落した株価はＸ社の経営が好調であることから、近いうちに株価は上昇します。

　したがって、10万円の底値のうちに贈与することが得策ですが、暦年贈与で1,000株を贈与すると、息子Ｂが支払う贈与税は4,799万5,000円（特例税率で計算）となり現実的ではありません。

　一方、相続時精算課税を選択すれば息子Ｂが支払う贈与税は1,500万円ですみます。もちろん、Ａさんの相続時にすでに息子Ｂに贈与したＸ社株式をＡさんの相続財産に加えて相続税を計算する必要はありますが、加算するＸ社株式の価額は贈与時の底値10万円ですし、支払済みの贈与税1,500万円は相続税から差し引くこともできます。さらに、相続時精算課税を選択して贈与された株式は、相続後に「みなし配当の特例」を使って金庫株することも可能です。この特例を使って納税資金を確保することも賢い活用方法でしょう。

　なお、今回は発行済株式1,000株のうち650株について贈与契約としましたが、残り350株についてはＡさんを委託者兼受託者とする自己信託を設定したうえで、受益者を息子Ｂとしています。これはＡさんがＸ社株式を全て息子Ｂに手渡すことに不安を抱いていたためです。とはいえ、株価10万円は2度と訪れないかも知れない底値であり、まさに株式を移転すべきタイミングです。このようなケースで自己信託を設定すれば、Ａさんは受託者として、引き続き350株の議決権を株主総会で行使することができます。

　つまり、3分の1超の議決権をAさんが引き続き有するため、息子Bは会社の重要事項を単独では決議できません。このように信託を賢く活用することで、株式の移転に関するAさんの不安は払拭されました。なお、信託受益権を取得した息子Bには配当を受け取る権利等の経済的利益が帰属するため、X社株式の贈与を受けたものとして、贈与税の申告と納付が必要です。この贈与税の申告も相続時精算課税の選択が可能です。

　このように、信託を活用することで、Aさんの手元に議決権を留保したまま、X社株式そのものを相続時精算課税の選択により贈与した場合と同様の節税効果を得ることができるのです。その後、息子Bに経営を全て任せると判断した時点で、信託契約を解除して経営から自身は完全に身を引くという流れができます。

提案の効果

Aさん	・一定の議決権を手元に留保したまま、実質的に株式の移転を完了することができた。
息子B	・当初想定よりも少ない資金負担で実質的に株式の移転を完了することができた。
X社	・オペレーティングリースへの出資により法人税の節税が行えた。
金融機関	・オペレーティングリースの販売につながった。 ・将来、金庫株を行う際には融資にて支援する見込みとなった。

9 グループ会社の整理と納税資金

CASE

　Aさんは保険代理業を営むX社とY社を経営している。当初、X社は東京都、Y社は神奈川県で店舗を出店するという役割であった。

　しかし、店舗数の拡大をM&Aを通じて行う経営戦略に転換したため、お互いに関東一円に店舗を有することとなり、当初の役割はもはや意味をなしていない。このような状況でAさんと事業承継のディスカッションを行う機会があった。Aさんには X社で働く長男BとY社で働く二男Cがいるが、将来自分の後を継ぐのは長男Bと考えている。しかし、まだ社長の地位を譲ることも、株式を移転することも時期尚早と考えているようである。ただし、Aさんも高齢であることから万が一を考えてよいアドバイスはないかと尋ねられている。

X社	・株主はAさんと友人甲。友人甲が株主なのは会社設立に際し名義を借りたためで、配当の支払や、株主総会への参加は過去に一度もない。 ・従業員数は60名、会社規模は中会社（小）、発行済株式数は500株である。 ・1株あたりの株価は次のとおり。 　類似業種比準価額：25万円 　純資産価額　　　：100万円
Y社	・株主はAさんのみである。 ・従業員数50名、会社規模は中会社（小）、発行済株式数は1,000株である。 ・1株あたりの株価は次のとおり。 　類似業種比準価額：17万5,000円 　純資産価額　　　：80万円

事例の分析

　年齢の割にはまだまだ元気なＡさんですが、万が一の相続を想定するといくつかのリスクがあります。まずは、Ｘ社・Ｙ社ともに株価が高いことです〔**図表Ⅳ－ 22**〕。

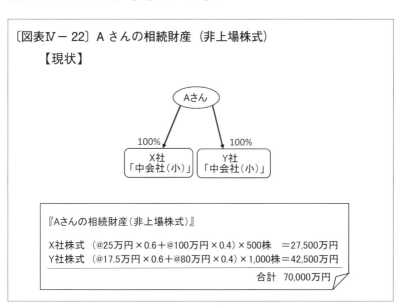

〔図表Ⅳ－ 22〕Ａさんの相続財産（非上場株式）

【現状】

『Ａさんの相続財産（非上場株式）』

X社株式　（@25万円×0.6＋@100万円×0.4）×500株　＝27,500万円
Y社株式　（@17.5万円×0.6＋@80万円×0.4）×1,000株　＝42,500万円

合計　70,000万円

　高い株価の原因は、会社規模が中会社（小）であることから、非常に高額な純資産価額の４割が株価に反映されるためです。このようなケースは老舗企業に多く、例えば大昔にタダ同然で取得した土地が周辺地域の開発により大幅に値上がりしたケース等が考えられます。

　次に株式の承継を具体的には何も決めていないこともリスクです。株式の取得をめぐり相続人間で争いが生じる事態となれば、会社経営にも影響を及ぼします。したがって、後継者を長男Ｂと決めているのであれば、万が一のときに相続人間で争いが生じないようにしておくことが重要です。

また、友人甲はX社の名義株主に該当します。名義株主は将来のトラブルの原因にもなります。Aさんが元気なうちに整理すべきでしょう。

提案のツボ

・名義株主の整理を行った後にX社とY社が合併できないか検討する。
・争族対策として公正証書遺言の提案を検討する。
・納税資金対策としての金庫株も併せて検討する。

提案内容と解説

　今回の事例は、友人甲さんと名義株主の解消にかかる覚書を締結した後に、X社とY社が合併する提案を行いました。さらに合併後のX社株式の承継は公正証書遺言を作成するとともに、納税資金対策として金庫株の提案も行っています。

　まずは名義株主の整理です。旧商法が設立時の発起人を7名要求していた等の理由で、業歴の長い企業には名義株主が存在することがあります。当時はやむを得なかったのでしょうが、名義株主が権利を主張しだすと問題です。特に友人甲に相続が起これば、見知らぬ相続人が権利を主張することが想定され、この場合の交渉は一筋縄ではいかないでしょう。そこで名義株主の整理はAさんと友人甲が元気なうちに行うべきです。また、名義株主を整理した際には、後々のトラブルを避けるために、念書や覚書等の書面を作成することが大切です。

　名義株主を整理するとX社・Y社ともに株主はAさんのみとなり、グループの再編が行い易くなります。そこで、今回はX社がY社を吸収合併する提案を行いました。なぜなら、X社とY社はすでに出店地域に差がないため両社を別会社にする意味に乏しく、また、合併して1社になったほうが、スケールメリットとコスト削減効果

を享受できると考えたからです。また、X社の従業員数は60名、Y社の従業員数は50名ですから、合併すると従業員数は110名です。とすれば、合併後のX社は従業員数が100人以上の会社となるため、会社規模は無条件で大会社となります。つまり、類似業種比準価額のみで株式の評価を行えるということです。これを株価のイメージで示すと、**図表IV−23**のとおりです。

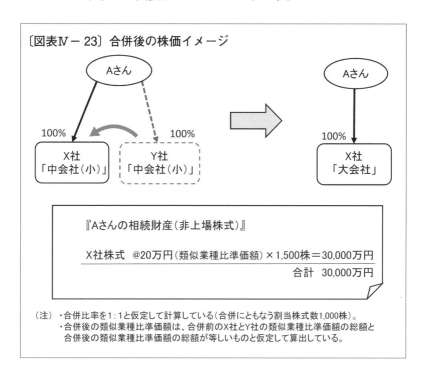

〔図表IV−23〕合併後の株価イメージ

『Aさんの相続財産（非上場株式）』

X社株式　@20万円（類似業種比準価額）×1,500株＝30,000万円

合計　30,000万円

（注）・合併比率を1：1と仮定して計算している（合併にともなう割当株式数1,000株）。
　　　・合併後の類似業種比準額は、合併前のX社とY社の類似業種比準額の総額と合併後の類似業種比準額の総額が等しいものと仮定して算出している。

　このように合併により株価が下がるようであれば、Aさんの相続時に納税資金が不足するリスクは大幅に軽減されます。

　そのうえで、相続人間でもめない対策が重要となります。今回の事例では二男Cも同じ会社で働くわけですから、二男Cがある程度の株式を所有して経営への影響力を持ちたいと考えることが自然

です。よって、Aさんが遺言を残さない場合には、X社株式の取得をめぐり長男Bと二男Cが争う可能性が高いケースといえるでしょう。このような争いを未然に防ぐためには公正証書遺言の作成が有効です。

Aさんは後継者を長男Bと考えているわけですから、二男Cの遺留分と長男Bの経営権確保を考慮して、例えばX社株式の75％を長男B、残り25％を二男Cに相続させる遺言が考えられます。この場合、X社株式を25％しか貰えない二男Cに対して、その他の財産を遺言で相続させるような心配りも必要でしょう。遺言が相続人間であまりにも不公平な内容ですと、遺留分を侵害していなくとも、相続人間に心のしこりを残すことになるからです。

最後にAさんには納税資金対策として相続後3年10ヶ月以内の金庫株の提案をしています。このタイミングであれば、「みなし配当の特例」によりX社株式の譲渡益に対する2割課税で済みますし、「取得費加算の特例」により譲渡益自体も少なくできる可能性があります。

提案の効果

Aさん	・合併後のX社は、類似業種比準価額のみで株式を評価できるようなったため、相続財産は圧縮された。
合併後のX社	・合併により業務が効率化し、2社体制のときよりも利益がでるようになった。
金融機関	・グループ会社にて合併のコンサルティングを行った。 ・Aさんの遺言の執行者に指定された。 ・口約束だが、将来、金庫株を行う際は当行に融資を申し込むとのこと。

⑩業績好調な企業の相続対策

CASE

　Aさんは四国で調剤薬局を営むX社の社長である。Aさんは3年前に脱サラし、X社を起業したが、サラリーマン時代に築いた人脈を駆使して毎年1店舗出店している。今後も積極的に出店を続ける予定だが、Aさんには心配事があった。それは毎年上昇するであろうX社の株価である。Aさんは50歳代であり相続はまだ先のことと考えてはいるが、最近はワイドショーでも相続税の増税が取り上げられているため、心配になったとのことである。そこで今からできる対策は何かないかと相談を受けている。

・X社の株価総額は5,000万円。ただし、順調に毎年1店舗の出店を続けると10年後には株価総額が5億5,000万円になると予想される。

・Aさんには長女Bと二女Cがいる。妻は5年前に先立っている。また、長女Bは薬剤師でありX社の社員である。一方、二女Cは結婚して専業主婦であり、X社には関与していない。

事例の分析

　Aさんは起業してまだ3年であり、50歳代です。しかし、相続対策は早くから検討するに越したことはありません。なぜなら、対策後の効果が実現するには期間を要することも多いためです。そしてAさんの懸念は年々上昇するであろうX社の株価にあります。この場合、対策のポイントはX社株式を間接保有する、ということにあります。ねらいは株価上昇の抑制です。

　また、争族対策にも目を配りましょう。X社では薬剤師の資格を

持つ長女Bが働いているため、万が一のときにX社を率いるのは
長女Bとなるでしょう。このような場合に遺産分割協議でもめて
しまうと、長女Bは議決権の3分の2を確保して安定的な経営を
行うことが難しくなるかもしれません。このことを回避するために
遺言が有効なことは言うまでもありませんが、種類株式を活用すれ
ば、より深みのある対策となります。

提案のツボ

・株式移転によりX社を新設会社の100％子会社にできないか検
　討する。
・遺留分に配慮しつつ遺言の作成を検討する。
・二女Cに株式を渡す場合には、長女Bの安定的な議決権確保に
　留意する。

提案内容と解説

　今回の事例では、株式移転によりX社の持株会社であるH社を
新設するとともに、H社株式を長女Bに4分の3、二女Cが4分
の1を取得する内容の公正証書遺言の作成を提案しました。また、
二女Cが取得するH社株式は配当優先の無議決権株式としていま
す。

　まずX社株式の評価額ですが、AさんがX社株式を直接保有し
ている現状のままだと、10年後のX社株式の評価額は5億5,000
万円となります。そこでX社株式を間接保有するとどうでしょうか。
間接保有とはAさんが出資する持株会社を通じてX社株式を保有
することです。X社株式を間接保有した場合、持株会社の純資産評
価額を計算する際に、X社株式の値上り益のうち37％を法人税等
相当額として控除することができます。すなわち、10年後の値上
り益が5億円だとすれば約1.9億円（5億円×37％）を持株会社
の純資産評価額から差し引けるのです。

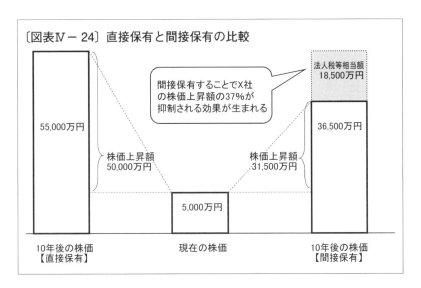

〔図表IV－24〕直接保有と間接保有の比較

間接保有することでX社の株価上昇額の37%が抑制される効果が生まれる

法人税等相当額
18,500万円

55,000万円

36,500万円

株価上昇額
50,000万円

株価上昇額
31,500万円

5,000万円

10年後の株価
【直接保有】

現在の株価

10年後の株価
【間接保有】

　このようにX社株式を間接保有すれば、X社株式の株価が予測通りに推移した場合には、株価の上昇を大きく抑える効果があることを理解していただけたと思います。では、間接保有の形にするにはどのよう方法が考えられるでしょうか。Aさん出資の法人を新たに設立してX社株式を譲渡や贈与をする方法もありますが、株式移転により持株会社を設立する方法が簡便です。さらに税制適格の株式移転であれば、法人税や所得税が生じることもありません。

　ただし、含み益から控除できる法人税等相当額の控除割合は、頻繁に改正されている点に留意が必要です〔**図表IV－25**〕。

〔図表IV－25〕法人税等相当額の控除割合の推移

適用時期	平成22年4月1日以降	平成24年4月1日以降	平成26年4月1日以降	平成27年4月1日以降	平成28年4月1日以降
割合	45%	42%	40%	38%	37%

当該事項に限ったことではありませんが、税法や通達は毎年のように改正されているため、将来時点のシミュレーションを行う際には、現時点の制度に基づいている点を顧客に十分説明する必要があります。

　次にＡさんの相続時にもめないための対策として遺言の作成を提案しています。遺言を残せば、相続時に遺言で指定された者がＨ社株式を取得するため、遺産分割協議がまとまらず会社経営が不安定となるリスクを排除できます。この場合、誰にどの程度の株式を取得させるかがポイントです。会社経営のことを考えれば、後継者候補の長女Ｂが全て取得することが望ましいのですが、一方で、二女Ｃの遺留分にも配慮すべきです。

　そこで今回はＨ社株式の４分の３を長女Ｂ、４分の１を二女Ｃが取得する遺言を提案しています。二女Ｃの取得を４分の１としたのは、遺留分（法定相続分割合 $\frac{1}{2} \times \frac{1}{2} = \frac{1}{4}$）を侵害する恐れのない割合であり、かつ、長女Ｂが株主総会において単独で重要な決議が行える議決権の３分の２を確保するためです。

　さらに今回の提案では二女Ｃの取得するＨ社株式は、事前に配当優先の無議決権株式に変えておくことを提案しました。なぜなら、４分の１とはいえ、議決権を有している場合には、経営に関して一定の口出しができるためです。会社経営に関与しない二女Ｃの干渉は、会社経営にマイナスになる恐れがあります。そこで、保有する株式に議決権を与えないことで、このようなリスクを事前に排除することができるのです。

　ただし、議決権の有無は株式の評価額には原則として影響は与えないため、二女Ｃは経営に参加できない株式を長女Ｂと同じ評価額で相続税を支払って取得することに納得しない可能性があります。そこで、二女Ｃに配慮して無議決権株式については配当を優先的にもらえることとしています。

提案の効果

A さん	・生前に X 社株式の株価対策を行うことができた。 ・遺言の作成と種類株式の活用により、争族対策も生前に行うことができた。
長女 B と二女 C	・遺言の内容について事前に A さんより説明を受け、納得している。
金融機関	・株式移転のコンサルティングを行った。 ・A さんの遺言の執行者に指定された。

第Ⅳ章の事例と第Ⅲ章の関係

事例	ニーズ	提案メニュー	参照ページ
①地主への法人活用のススメ	新規貸付金	不動産所有法人	115
	生命保険契約	非課税枠の活用	128
	生命保険契約	役員退職金	137
	相続対策	一般社団法人	188
②M&Aによる株式譲渡資金の有効活用	不動産購入・売却	貸家	148
	不動産購入・売却	二世帯住宅	151
	グループ再編・M&A	第三者への株式譲渡	176
③役員退職金を活用した親族内承継	新規貸付金	役員退職金	104
	不動産購入・売却	二世帯住宅	151
	相続対策	相続時精算課税	185
④後継者の資金負担なし、MBOのススメ	新規貸付金	MBO	112
	金融商品購入	信託（教育資金、結婚・子育て資金）	142
	不動産購入・売却	住宅取得資金の非課税贈与	153
⑤会社を分けて争族対策	グループ再編・M&A	会社分割	165
	相続対策	遺言	179
⑥持株会社への不動産集約	新規貸付金	グループ法人税制	119
	不動産購入・売却	納税資金確保	156
⑦株主整理と事業持株会社の活用	新規貸付金	分散株の整理	123
	グループ再編・M&A	会社分割	165
	グループ再編・M&A	株式交換	172
⑧リース商品を活用した株価対策	新規貸付金	金庫株	108
	金融商品購入	オペレーティングリース	139
	相続対策	相続時精算課税	185
⑨グループ会社の整理と納税資金	新規貸付金	金庫株	108
	グループ再編・M&A	合併	161
	相続対策	遺言	179
⑩業績好調な企業の相続対策	グループ再編・M&A	株式移転	169
	相続対策	遺言	179

コラム 4 人工知能（AI）の 進化と事業承継コンサルティング

　人工知能に関する記事が日刊紙の紙面を賑わす機会が増えています。これはディープラーニングという技術が開発されたことにより、人工知能が飛躍的に進化したためです。

　ディープラーニングが革新的とされるのは、より人間に近い学習能力を人工知能にもたらした、という点です。これを様々な分野に応用することで、新たなビジネスが生まれると期待されています。

　一方で、「人工知能の急速な進化は、我々の仕事を奪うのではないか」という脅威論も存在します。事業承継のコンサルティングも、人工知能が最適な対策を瞬時に判断し提案してくれるなら、人間のコンサルタントは不要、というわけです。

　このことについて、個人的には、少なくとも私が生きているうちに人工知能に仕事を奪われることはない、と考えています。理由は2つです。

　まず、人工知能がいくら良い提案を考えても、顧客に提案を受け入れてもらえないとビジネスにはなりません。この点、同じ提案内容であっても、人工知能が機械的に提案した場合と、生身のコンサルタントが顔を突き合わせて提案した場合とでは、結果が異なると思っています。

　また、オーナー経営者は本音をすぐには語りません。提案を行うための情報は事前に全て用意されているわけではなく、必要な情報を聞き出す能力が必要です。オーナー経営者とのやりとりは、チェスや将棋のように相手の手が見えるゲームとは異なります。このようなコミュニケーション能力はまだ人工知能には難しいでしょう。よって、人工知能に仕事を完全に奪われる状況は想定できません。

　ただし、人工知能の進化により働き方は変わってきます。単純な作業は人工知能が変わりに行ってくれるため、人間には、より高度で付加価値の高い仕事が求められるでしょう。事業承継コンサルティングの未来を考えると、株価算定や提案書の作成までは人工知能が行い、実際の提案業務やコミュニケーションは人間が行う、という役割分担が考えられます。
とすれば、仮に提案書は人工知能が作成したとしても、提案内容は人間が理解していなけばなりません。

　はたしてどのような未来になるかはわかりませんが、人工知能に完全に仕事が奪われることがないと考えるならば、金融パーソンにとって本書が全く役に立たなくなることもない!? と思うわけであります。

巻末資料

平成28年度税制改正のツボ

1 改正項目の全体像

　平成27年12月16日に平成28年度税制改正大綱が発表されました。今回の税制改正は、平成29年4月から予定する消費税率10％への引上げにともない、低所得者対策として軽減税率制度を導入することがメインです。したがって、その他の税制改正項目は小粒な印象が否めません。ただし、少なからず資産家に影響する改正も含まれているため、まずは全体を眺めてみましょう。

平成28年度税制改正の主な項目

税目	項目	概要	影響	適用時期
法人税	法人実効税率の引下げ	現行　　　　平成28年　平成30年 32.11%　→　29.97%　→　29.74%	😊	平成28年4月〜
	減価償却制度の見直し	建物附属設備・構築物の償却方法が定額法に一本化	😖	平成28年4月〜
	外形標準課税の拡大	資本割・付加価値割の税率増	😖	平成28年4月〜
	企業版ふるさと納税の創設	現行の損金算入措置に加えて、一定額の税額控除を認める	😊	平成28年〜 (新設)
消費税	軽減税率制度	軽減税率の対象品目を明示	—	平成29年4月〜
所得税	空き家の売却促進	要件を満たした空き家の売却について売却益から3000万円の控除可	😊	平成28年4月〜 (新設)
	三世代同居の改修負担軽減	改修費にかかるローン残高の2%を5年間、税額控除可	😊	平成28年4月〜 (新設)
	居住用財産の買換特例延長	平成27年末までの期限を2年間延長	😊	延長
	国外転出時課税の見直し	一定の場合、更正の請求ができること等が明確に	😊	平成28年1月〜
その他	スキャナ保存の見直し	スマホでのスキャンが可能に	😊	平成28年9月末〜

このうち、資産家に影響する改正項目として押さえておきたい項目をあえて３つ選ぶとすれば、次のとおりです。

- ・法人実効税率の引下げ
- ・減価償却制度の見直し
- ・空き家の売却促進

2 法人実効税率の引下げにより、ますます法人活用が有利に!

ここ数年、法人実効税率の引下げの流れが続いていますが、安倍政権はさらに法人実効税率を引き下げることで、「アベノミクス」の後押しをしたいと考えています。このため、法人と個人の税率差は今後ますます拡がります。したがって、特に高額所得者は資産を個人所有にするのではなく、法人所有にするほうが有利なケースが多くなるでしょう。

3 減価償却制度の見直しはマイナス影響。資金計画はより慎重に!

平成28年4月1日以降に取得した建物附属設備・構築物の減価償却方法が定額法に一本化されます。従来、多くの法人や個人は取得当初に大きな費用計上ができる定率法を選択していました。建物を新規に取得すると、取得総額の概ね２～３割が建物附属設備ですから、減価償却方法の選択が利益に与える影響は侮れません。今後は定率法を採用できない影響から、建物取得当初の税金支払いが増えることとなるため、より慎重な資金計画が求められるでしょう。

■4 空き家の売却に3,000万円控除の適用!

　超高齢社会に突入し、空き家の増加は社会問題となっています。その一因に空き家の譲渡には居住用財産の 3,000 万円控除が使えないということがありました。すなわち、二次相続で空き家を相続したとしても、売却すれば譲渡所得税がかかるため、空き家のままにしておく、という人が多かったのです。

　このような空き家の売却を促すために、細かい要件はありますが、相続した空き家に耐震リフォームを施して譲渡、あるいは更地にして譲渡した場合にも 3,000 万円の特別控除が認めらこととなりました。平成 31 年末までの譲渡に限るとのことですが、不要な不動産を現金にかえる手段として見逃せない制度です。

■5 今後の注目ポイント

　税制改正大綱には今回の導入は見送ったものの、検討していくべき事項が載っています。この部分は今後の税制改正の流れを事前に掴むうえで重要といえます。14 の検討事項が挙げられていますが、ここでは「取引相場のない株式の評価方式に関する見直し」に注目したいと思います。

　そもそもは経済産業省の要望を受けてのものであり、目的は中小企業の事業承継の円滑化のため、とのことです。具体的には経済産業省の要望を受けて、類似業種比準方式における比準要素の適切なあり方について総合的に検討を行う、というものです。

　このような経緯から、見直しが実現すると現行よりも取引相場のない株式は低く評価されると想像できます。そして、最も注目すべきポイントは、検討を行う時期について『早急に』との文言が入っている点でしょう。相続・事業承継にかかわる実務家にとっても今後の動きに注目したい事項です。

執筆者紹介

TAO税理士法人

東京都と神奈川県の2拠点にて、資産家向けの税務コンサルティング及び中堅・中小企業オーナー向けの事業承継コンサルティングを中心にサービス提供している総合型税理士法人です。
また、金融機関向けのアドバイス業務、セミナー講師派遣、勉強会開催、営業同行サービス等を積極的に展開しています。

【詳しくはホームページをご覧ください】
URL：http://www.tao.or.jp

【サービス内容等のお問い合わせ先は下記になります】
03-6205-8962（担当　金谷）

執筆者代表

金谷　亮（かなや　りょう）
公認会計士・税理士　事業承継コンサルティング担当

金子　明子（かねこ　あきこ）
税理士　相続税コンサルティング担当

原　進（はら　すすむ）
税理士　法人税コンサルティング担当

米森　達也（よねもり　たつや）
公認会計士　相続税コンサルティング担当

金融パーソンが押さえておくべき　相続・事業承継のツボ

平成28年6月17日　第1刷発行

編　者　　TAO税理士法人
発行者　　加　藤　一　浩
発行所　　株式会社きんざい
〒160-8520　東京都新宿区南元町19
電話　03-3358-0016（編集）
03-3358-2891（販売）
URL　　http://www.kinzai.jp/

デザイン・DTP　文唱堂印刷株式会社　ソフトソリューショングループ
印刷　文唱堂印刷株式会社　　ISBN978-4-322-12882-6